U0453769

国家精品在线开放课程推荐教材
湖南省一流本科课程推荐教材

创新创业基础 下

CHUANGXIN CHUANGYE JICHU

主　编　陈洪华　祝海波

副主编　罗　匡　王德明　王　贲

参　编　杨　净　董志军　王才喜
　　　　马　芳　邹思明

重庆大学出版社

图书在版编目(CIP)数据

创新创业基础.下 / 陈洪华,祝海波主编. --重庆:
重庆大学出版社,2023.4
ISBN 978-7-5689-3661-3

Ⅰ.①创⋯ Ⅱ.①陈⋯ ②祝⋯ Ⅲ.①创业—教材
Ⅳ.①F241.4

中国版本图书馆CIP数据核字(2022)第234668号

创新创业基础(下)

主 编 陈洪华 祝海波
策划编辑:顾丽萍

责任编辑:夏 宇 版式设计:顾丽萍
责任校对:刘志刚 责任印制:张 策

*

重庆大学出版社出版发行
出版人:饶帮华
社址:重庆市沙坪坝区大学城西路21号
邮编:401331
电话:(023)88617190 88617185(中小学)
传真:(023)88617186 88617166
网址:http://www.cqup.com.cn
邮箱:fxk@cqup.com.cn(营销中心)
全国新华书店经销
重庆长虹印务有限公司印刷

*

开本:787mm×1092mm 1/16 印张:12.5 字数:269千
2023年4月第1版 2023年4月第1次印刷
印数:1—8 000
ISBN 978-7-5689-3661-3 定价:45.00元

本书如有印刷、装订等质量问题,本社负责调换
版权所有,请勿擅自翻印和用本书
制作各类出版物及配套用书,违者必究

前 言 *Preface*

　　本教材为《创新创业基础（上）》的配套教材，主要有两个目的：一是为教师提供主题新颖、内容鲜活、针对性强、有时代感的教学备课素材，提高课堂活力和教学效果；二是为学生提供课堂知识点以外的内容拓展、案例研究、实践和思维训练等，帮助学生理解相关知识点和扩充视野，激发他们的学习兴趣，从而提高他们的创新创业素质和能力。

　　本教材与上册一样共分为十章，每章都包含知识拓展、案例研究、创新训练/创业训练等栏目，分别从宽度、深度和高度等方面体现"创新创业基础"课程的知识要点与教学要求。其中，知识拓展是为了拓宽与延伸创新创业基础理论知识；案例研究是为了加深对创新创业基础理论知识的理解与运用；创新训练/创业训练是为了提高学生的创新创业实践素养与能力。另外，本教材还补充了"企业创办"的知识点，以便指导那些具备创业基本条件的同学有序进行创业实践，顺利开启创业新征程。

　　本教材由中南林业科技大学创新创业教学团队编写完成。陈洪华、祝海波负责设计教材的体例结构，梳理教材的章节内容，编写了第4章、第5章和第10章；罗匡、王德明和王贲分别编写了第1—2章、第6—7章、第8—9章；杨净编写了第3章；王才喜、董志军、马芳和邹思明等参与了研讨、校对，完成了教材案例的部分内容的编写工作。

　　本教材适合高校讲授"创新创业基础"课程的教师作为备课授课的参考书，也适合学习"创新创业基础"课程的学生作为课外辅导读物。

编　者

2022年12月于长沙

目 录 *Contents*

创新篇

第2章　创新思维 `22`

创业篇

第5章 创业、创业者与创业精神 | 84 |

第8章　商业模式　123

第9章　创业资源　141

第10章 创业计划　　　　　　　　　　　　　　155

创新篇

第1章 创新、创意与创造

一、知识拓展

知识链接1-1：技术创新与相关概念的区别

概念名称	简要定义	与技术创新的显著区别
发明	第一次提出新概念、新思想、新原理	缺少大量生产与市场化的活动
基础研究	认识世界，为推动科技进步而进行的探索性活动，没有特定的商业目的	缺乏深入试制、生产与市场化活动
应用研究	为增加科技知识并为某一特定目的而进行的系统性创造活动	与生产和市场化联系不足
开发研究	运用基础研究与应用研究的知识来开发新材料、新产品、新装置	尚未考虑市场化的工作
技术引进	引进新设备、人才，提高生产与市场能力	不能保证能否进入市场
技术改造	主要是对生产设备进行系统或部分更新	可完善生产能力，但能否市场化尚未可知
技术变革	严格意义上是从发明到技术创新、技术扩散的全过程	比技术创新的过程更长，属于经济学概念，现实中操作较难
技术进步	若干年内技术创新的累积与综合性过程	对技术创新的后期总结

资料来源：陈劲，郑刚. 创新管理：赢得持续竞争优势［M］. 3版. 北京：北京大学出版社，2016.

知识链接1-2：个人创新三源头——天赋、实践、训练

1.天赋。个人具有某种程度的"天赋能力"，这种能力往往来自遗传以及早期胎儿

的发育。"天赋能力"绝不意味着不需要任何外界条件，它只是一种气质、一种倾向，只有遇到合适的条件，"天赋能力"才能充分显现出来。

2.实践。美国加利福尼亚州立大学一个科学研究小组研究发现：在"贫乏环境"（空无一物的单调环境）和"丰富环境"（摆满各种各样小白鼠喜欢的转轮、滑板、秋千之类的玩物）下的两只小白鼠，经过一段时间放养后，"丰富环境"中的小白鼠在大脑皮层的重量和厚度等方面比前者有明显增加，其学习能力和对陌生环境的适应能力都有明显提高。可见，实践出真知，在现实社会中我们经常说"见过世面"的人对问题的理解往往更深刻，更易接受新事物，处理问题的方法也更多，这实际上是社会实践的结果。

3.训练。训练是一种创新来源的方法，本书专门开辟"创新创业训练"部分内容，就是为了让读者通过科学的创新创业训练来提高自己的创新创业素质。

资料来源：张志宏，崔爱惠，刘轶群. 大学生创新与创业训练教程［M］. 北京：现代教育出版社，2017.

知识链接1-3：创意思维的训练方法

1.脑力激荡法。这是最为人所熟悉的创意思维策略，该法由奥斯朋于1937年提出，强调集体思考，看重互相激发思考，鼓励参与者在指定时间内构想出大量的意念，并引发新颖构思。该法的基本原理是：参与者只提供构想而不予评价；不局限思考空间，鼓励想出的主意越多越好。

2.三三两两讨论法。此法可归纳为每两人或三人自由成组，在3分钟内就讨论的主题互相交流意见及分享。3分钟后，再回到团体中作汇报。

3.六六讨论法。六六讨论法是以脑力激荡法为基础的团体式讨论法。该法是将大团体分为6人一组，只进行6分钟的小组讨论，每人1分钟，然后再回到大团体中分享及作最终的评估。

4.心智图法。这是一种刺激思维及整合思想与信息的思考方法，也可以说是一种观念图像化的思考策略。此法主要采用图志式的概念，以线条、图形、符号、颜色、文字、数字等各种方式，将意念和信息快速地以上述各种方式摘录下来，形成一幅心智图。结构上具备开放性及系统性的特点，让使用者能自由地激发扩散思维，发挥联想力，又能有层次地将各类想法组织起来，以刺激大脑作出各方面的反应，从而得以发挥全脑思考的多功能作用。

5.曼陀罗法。这是一种有助于扩散思维的思考策略，可利用九宫格图，将主题写在中央，然后把该主题引发的各种想法或联想写在其余的8个圈内，此法可配合六六讨论法从多方面进行思考。

6.逆向思考法。此法是可获得创造性构想的一种思考方法，可分为7类，如能充分加以运用，创造性可加倍提高。

7.分合法。这是戈登在1961年出版的《分合法：创造能力的发展》一书中指出的团体问题解决的方法。此法主要是将原不相同也无关联的元素加以整合，产生新的意念或面貌。分合法利用模拟与隐喻的作用，协助思考者分析问题以产生各种不同的观点。

8.属性列举法。这是罗伯特·克劳福特1954年提出的著名的创意思维策略。此法强调使用者在创造过程中观察和分析事物或问题的特性或属性，然后针对每项特性提出改良或改变的构想。

9.希望点列举法。这是一种不断提出"希望""怎样才能更好"等理想和愿望，进而探求解决问题和改善对策的技法。

10.优点列举法。这是一种逐一列出事物优点的方法，进而探求解决问题和改善对策。

11.缺点列举法。这是一种不断地针对一项事物，检讨此事物的各种缺点及缺漏，进而探求解决问题和改善对策的技法。

12.检核表法。在考虑某个问题时，先制成一览表，对每项检核内容逐一检查，以免有所遗漏。此法可用来训练员工的思维，有助于构想出新的理念。

13.5W2H检讨法。5W是指为何（Why）、何事（What）、何人（Who）、何时（When）、何地（Where）；2H是指如何（How）、何价（How Much）。此法的优点在于提示讨论者从不同的层面去思考和解决问题。

14.目录法。此法也称强制关联法，是指在考虑解决某一问题时，一边翻阅资料性的目录，一边强迫自己把眼前出现的信息与正在思考的主题联系起来，从中得到构想。

15.创意解难法。美国学者帕纳斯1967年提出"创意解难"的教学模式，它发展自奥斯朋所倡导的脑力激荡法及其他思考策略。此法重点是在解决问题的过程中，问题解决者应系统地、有步骤地找出解决问题的方法。

资料来源：个人图书馆

延伸阅读1-1：企业创新构思主要来源

企业创新构思的主要来源有以下几个方面：

一是顾客。这是产品新用途的主要来源。例如，雅芳公司利用消费者发现了柔肤浴油和润肤露的新用途：一些顾客仅满足于把芳香浴油倒在洗澡水里使水清香怡人，但还有一些顾客把浴油随身带在包里，用来涂抹蚊虫叮咬过的皮肤以及防晒等。

二是竞争者。企业通过购买竞争者的新产品，分析其产品销售与运作，从而获取新产品的线索。例如，都特在设计捷豹牌汽车时拆看了50多种竞争品牌的汽车，抽丝剥茧地寻找可以复制或改善之处。捷豹采用了奥迪的加速器踏板"触角"、丰田 Supra 车型的油耗表、宝马528e牌轮胎和千斤顶储存系统，以及其他车型的400多种优点。

三是销售商和供应商。销售商接近市场，能够传递有关需要处理的消费者问题以及新产品可能的信息。供应商能够告诉企业可用来开发新产品的新概念、技术和物资。

四是其他构思来源。包括贸易杂志、展览和研讨会、政府代理机构、新产品顾问、广告代理机构、市场营销调查公司、大学和商业实验室等。

资料来源：陈劲，郑刚. 创新管理：赢得持续竞争优势［M］. 3版. 北京：北京大学出版社，2016.

延伸阅读1-2：埃森哲开放式创新四种模式

全球著名的管理咨询公司埃森哲和美国普渡大学合作，在调研了美国和欧洲数十家大型企业的研发情况后，归纳出以下四种开放式创新模式：

一是传统IP合约模式。即某一方提供特别技术，然后双方进行合作。比如天猫IPmart结合蚂蚁链IP新技术提供了一整套全新的IP授权模式：素材库开放，商家与IP方实现快速对接，智能合约技术实时清算等全套服务，让IP商业化进入新零售时代。

二是开放创新合作模式。一般适用于项目特别复杂、企业推进比较困难的情况。具体做法是与特定的合作伙伴合作，实现双方优势互补。比如，惠普公司曾想为电影制作开发一种新技术，于是选择了和梦工厂合作，最终实现两家公司资源互补。

三是开放创新平台模式。适用于企业的需求已经很明确，但却没有明确的合作伙伴的情况。通过建立平台，扩大覆盖面，最终实现知识产权归企业所有。比如，制药巨头辉瑞公司，曾经打算给一款注射器研发包装设备，但不知道最佳解决方案是什么。于是就与一个中介平台合作，举办了一场开放创新大赛，最终获得了四种备选解决方案。

四是开放创新社区模式。该模式适合比较复杂、需多边合作、共同解决的问题。其优点是覆盖面比较广。比如，福特公司想开发一种"智能化"移动解决方案，但发现问题非常复杂，于是借助一个开放式社区平台，鼓励核心业务人员积极参与，同时设立了一系列创新比赛，吸引开发者加入，最终取得了很好的效果。

延伸阅读1-3：创新能力的构成要素

创新能力的构成要素可归纳为五部分：创新意识、知识结构、创新人格、创新思维和实践探索。

创新意识是人类意识活动中的一种积极的、富有成果性的表现形式，是人们进行创造性活动的出发点和内在动力，是创造性思维和创造力的前提。

知识结构是指一个人所拥有的知识体系的构成情况与结合方式。知识的积累与创新有着不同的规律，一般而言，知识渊博的人，创造性智能发展程度相对较高。但知识基础并不绝对等同于创造性智能。创新需要在以往知识的基础上进行突破。大学人才培养方案中提出大学生的知识模块，其实质就是知识结构，如图1.1所示。

图1.1　塔式知识结构示意图

创新人格是指创新者所具有的对提高创新能力和创新成功起促进或保证作用的个性特征。创新人格主要由独立个性、创新心理素质和创新精神三部分组成。一般而言，独立个性越强的人，其创新能力越强；反之，一个循规蹈矩的人，一个毫无创意的人是不可能具备很强的创新能力的。积极的人生态度（正能量感强烈）、自信和自我肯定以及强烈的创新动机都会对培养和形成良好的创新心理素质产生积极影响。创新精神是指创新过程中积极的、开放的心理状态，包括怀疑精神、冒险精神、挑战精神、献身精神、使命感、责任感、事业心、自信心、勇气、意志、毅力、恒心等。

从某种意义上讲，创新能力作为人的一种高级能力，它的核心就是创新思维。创新思维不是一般性思维，它是在现有材料基础上用独特新颖的思维方法，开创出具有社会价值和前所未有的新产品、新技术、新概念、新原理、新作品的心理过程。诺贝尔奖获得者艾伯特曾说："发明创造就是与别人看同样的东西，却能想出不同的事情。"他所讲的看同样的东西却想出不同的事情，实际上就是运用创新思维的结果。

任何创新都离不开实践探索。如果只是在大脑中思考一些新思路、新想法，并不是真正的创新活动。创新的过程就是人的创新设想、创新计划变成现实的实践活动。脱离了实践活动，任何创新都不可能实现。

延伸阅读1-4：培养创新能力的方法与途径

一是学习。学习分为探索性学习与利用性学习：探索性学习是指可用探索、变化、试验、尝试、应变、发现、创新等术语来描述的学习行为，其本质是对新选择方案的试验；利用性学习是指可用提炼、筛选、生产、效率、选择、实施、执行等术语来描述的学习行为，其本质是对现有能力、技术、范式的提高和拓展。例如，日本福田汽车的快速发展被业界称为"福田速度"，其主要原因在于福田汽车与多家企业建立了战略联盟，进行探索性学习和利用性学习，并从企业本身、焦点企业与联盟组合、联盟组合三个层面分析学习。

二是努力培养创新个性。可以从以下几个方面着手：①燃起创新欲望；②自我暗示具有创新能力；③培养探索问题的敏感性；④勤于思考和独立思考；⑤保持良好的心态。

三是优化知识结构。知识结构的构建与优化对于一个人来说很重要，无论是升学、深造，还是创新创业。优化方法可参考以下几个方面：①努力学习和掌握扎实的基础理论知识，力求融会贯通、化知为智；②努力强化知识的系统性和整体效应。除了掌握与专业相关的学科知识和技术要领，还需注重各学科知识的交叉、渗透与综合社会、经济、政治、人文、管理等方面的知识；③不断储备新知识，注重对最新理论、最新技术和最新信息的了解，不断探求新的知识，努力掌握社会、文化、科技发展的最新动向。

四是掌握创新方法。首先，要掌握并运用辩证唯物主义世界观和方法论来指导实践，避免走弯路、走错路；其次，要学习有关创新创造学原理，掌握创新活动的内在机制和规律；再次，要学会运用创新思维方法，如求异思考、求同思考、反向思考、联想思考、类比思考等创新思维方法；最后，学习掌握创新技法，如设计思维、TRIZ等一些科学的创新技法。

五是积极参加创新实践。实践是检验真理的唯一标准。一切创新的内容都来源于社会生活，来源于社会需求。多参加社会实践活动，如积极参加科学研究、创业模拟、社会调查、社会实习、课外兴趣小组等活动，不仅有助于了解和掌握现实生活中出现的新问题、新情况和新需求，而且有助于发现现有理论、观点和研究方法在现实条件下遇到的挑战和障碍，从而寻找到"创新点"。

延伸阅读1-5：工业革命的创新力量

第一次工业革命是指18世纪中叶以英格兰为发源地，在欧洲掀起的一场由蒸汽机技术引发的工业革命。

表1.1　第一次工业革命重要发明成果

年份	发明	发明者	发明价值
1712	大气式蒸汽机	托马斯·纽可门	第一个实用的蒸汽机
1764	珍妮纺织机	詹姆斯·哈格里夫斯	真正意义上的机器，是工业革命开始的标志

续表

年份	发明	发明者	发明价值
1782	联动式蒸汽机	詹姆斯·瓦特	改变人们的生产方式，拉开了工业革命的序幕
1807	蒸汽机做动力的轮船	罗伯特·富尔顿	第一艘蒸汽机轮船，开启了人类航海事业的新时代
1812	科尔尼锅炉	理查德·特里维希克	最早的火管锅炉
1815	煤矿安全灯	汉弗莱·戴维	挽救了无以计数的矿工的生命
1825	"旅行者号"蒸汽机	乔治·斯蒂芬森	使人类迈入"火车时代"

　　19世纪下半叶至20世纪初，科学与技术紧密结合，科技创新与生产应用之间形成了真正意义上的互动关系，电力技术革命将人类社会带入电气时代，史称第二次工业革命。这次工业革命中，英国开始走向衰退，美德等国家逐渐崛起。

表1.2　第二次工业革命重要发明成果

工业部门	国家	发明者	发明成果
能源（电力）	德国	西门子	发电机和电动机
	比利时	格拉姆	电灯和纽约第一座发电厂等
	美国	爱迪生	交流电系统
	美国	特斯拉	电力商业化
内燃机和交通	德国	卡尔·本茨	汽油机和汽车
	德国	狄塞尔	柴油机
	美国	福特	汽车
	美国	莱特兄弟	飞机
钢铁工业	英国	贝塞麦	酸性转炉炼钢法
	英国	托马斯	碱性转炉炼钢法
石油化工	美国	埃德温·德雷克	打出世界上第一口油井
	德国	李比希	有机化肥和第一家苯胺厂
	德国	柏琴	第一种人工合成染料
	瑞典	诺贝尔	发明炸药
电信	美国	莫尔斯	有线电报
	美国	贝尔	电话机
	意大利	马可尼	无线电报
农机	美国	哈特和帕尔	汽油拖拉机

第三次工业革命则是第二次世界大战后，以原子能、电子计算机、空间技术和生物工程的发明和应用为主要标志，涉及诸多领域的一场信息控制技术革命。

表1.3　1770年以来驱动社会经济发展的重要科技创新

年代	驱动社会经济发展的重要科技创新成果
1770—1800年	蒸汽机、炼钢技术、纺织机等
1830—1850年	铁路运输、蒸汽动力船舰、电报机、煤气灯等
1870—1895年	电灯与电力系统、电话、化学染料与石油炼制等
1895—1930年	汽车、无线收音机、飞机、化学塑料等
1950—2000年	计算机科技、微电子科技
2000年至今	生物基因、AI智能、网络通信、纳米材料科技等

资料来源：侯光明，李存金，王俊鹏. 十六种典型创新方法 [M]. 北京：北京理工大学出版社，2015.

纵观人类社会发展史，我们惊奇地发现：大约55代人知道并应用过阿基米德定律；大约40代人使用过水力和风力磨粉机；大约20代人知道并应用过计时机械；大约10代人了解印刷技术；5代人乘坐过轮船和火车；4代人用过电灯；3代人乘坐过汽车、使用过电话和吸尘器；2代人乘坐过飞机、使用过无线电和冰箱；只有现代人首次进入过太空，使用过核能和电脑，通过卫星接收全球信息。

延伸阅读1-6：美国强大的支撑力量——工匠精神

亚力克·福奇在《工匠精神：缔造伟大传奇的重要力量》一书中对当时的美国创新发展历程进行了阐述，并着重介绍了改变当时美国现状的创新者。他将喜欢捣鼓小器具、小发明的业余爱好者，DIY一族和发明家等创新者统称为"tinkerer"（可译为工匠）。他认为正是这群不拘一格、纯粹依靠意志和拼搏劲头，做出了改变世界的发明创新的人铸就了美国奇迹。比如，曾进行多项有关电的实验，最早提出电荷守恒定律，发明了避雷针、双焦点眼镜、蛙鞋等的本杰明·富兰克林；曾设计制造出第一台卧式铣床，并在工厂实行工人劳动分工的企业家伊莱·惠特尼；发明了收割机，把农民从繁重的体力劳动中解放出来的塞勒斯·麦考密克；最伟大的发明家托马斯·爱迪生，以及发明飞机的莱特兄弟等，都是人类历史上杰出的创新者。

资料来源：亚力克·福奇. 工匠精神：缔造伟大传奇的重要力量 [M]. 陈劲，译. 杭州：浙江人民出版社，2014.

延伸阅读1-7：中国移动的自主创新

中国移动一直高举自主创新大旗，逐步形成了面向自主创新的良性互动，多方面采取措施推动国内通信制造企业提高创新能力，在一些领域已经实现了重大突破。

2004年，中国移动和华为公司携手，建立了第一个全球通信业内规模最大、技术最领先的软交换长途汇接网。在此之前，国外包括沃达丰在内的大部分运营商及设备制造商对采用IP承载的软交换技术成熟度表示担忧。中国移动和华为公司通过数月的详细讨论，制订了设备规范和容灾方案，并在研究院进行充分测试后，在30个省八大区的实施中一次成功，网络运行稳定。3G尚未使用的技术在2G成功运用，极大地提高了中国民族通信设备制造企业在全球业界的影响力，数十批国外运营商考察中国移动软交换网络。此后国外新建的3G网络均以软交换为主，华为公司的软交换解决方案也成为业界最具竞争力的解决方案。通过此举，中国移动助力民族通信制造业在移动核心网的竞争优势方面实现了战略逆转，开始超越国外设备制造商。

NGI极大地加速了民族通信设备制造企业产品及解决方案的成熟。在中国下一代互联网（CNGI）示范网络中，中国移动核心网采用国产设备的比例超过了80%，为我国下一代互联网的发展提供了良好的试验条件，使我国民族通信设备制造产业在下一代网络设备竞争中占据了优势地位。同时，通过推动国产设备厂商在现网环境下对自身产品进行验证，为今后IPv6（互联网协议第6版）网络核心技术的进一步发展及国家信息安全领域的进一步完善奠定了坚实的基础。

延伸阅读1-8：国务院"互联网+"行动顶层设计

2015年7月，《国务院关于积极推进"互联网+"行动的指导意见》（以下简称《指导意见》）提出，到2018年，互联网成为提供公共服务的重要手段，网络经济与实体经济协同互动的发展格局基本形成。到2025年，"互联网+"新经济形态初步形成，"互联网+"成为我国经济社会创新发展的重要驱动力量。《指导意见》围绕转型升级任务迫切、融合创新特点明显、人民群众最关心的领域，提出了11个具体行动：

一是"互联网+创业创新"，充分发挥互联网对创业创新的支撑作用，推动各类要素资源集聚、开放和共享，形成大众创业、万众创新的浓厚氛围。

二是"互联网+协同制造"，积极发展智能制造和大规模个性化定制，提升网络化协同制造水平，加速制造业服务化转型。

三是"互联网+现代农业"，构建依托互联网的新型农业生产经营体系，发展精准

化生产方式，培育多样化网络化服务模式。

四是"互联网+智慧能源"，推进能源生产和消费智能化，建设分布式能源网络，发展基于电网的通信设施和新型业务。

五是"互联网+普惠金融"，探索推进互联网金融云服务平台建设，鼓励金融机构利用互联网拓宽服务覆盖面，拓展互联网金融服务创新的深度和广度。

六是"互联网+益民服务"，创新政府网络化管理和服务，大力发展线上线下新兴消费和基于互联网的医疗、健康、养老、教育、旅游、社会保障等新兴服务。

七是"互联网+高效物流"，构建物流信息共享互通体系，建设智能仓储系统，完善智能物流配送调配体系。

八是"互联网+电子商务"，大力发展农村电商、行业电商和跨境电商，推动电子商务应用创新。

九是"互联网+便捷交通"，提升交通基础设施、运输工具、运行信息的互联网化水平，创新便捷化交通运输服务。

十是"互联网+绿色生态"，推动互联网与生态文明建设深度融合，加强资源环境动态监测，实现生态环境数据互联互通和开放共享。

十一是"互联网+人工智能"，加快人工智能核心技术突破，培育发展人工智能新兴产业，推进智能产品创新，提升终端产品智能化水平。

《指导意见》提出了推进"互联网+"的七方面保障措施：一是夯实发展基础；二是强化创新驱动；三是营造宽松环境；四是拓展海外合作；五是加强智力建设；六是加强引导支持；七是做好组织实施。

资料来源：中华人民共和国中央人民政府网

二、案例研究

创新案例1-1：中集集团的持续工艺创新

中集集团一直以来坚持工艺的改进和创新。公司于20世纪90年代后期引进具有世界领先水平的德国格拉芙公司的冷藏箱生产技术，并在此基础上不断地进行研发和创新。中集集团在长期实践中积累了很强的工艺创新能力，例如通过把原来照搬德国的生产线与流程进行优化改进，在同样面积的厂房空间里，原来1万箱的设计生产能力，现在能达到2.5万箱，大大提升了生产效率和效益。

集装箱制造是典型的劳动力密集型行业，其传统的生产线往往技术含量不高，多依赖重体力劳动。因此，对人的尊重，在最直接的层面便是降低工人体力劳动的强度，提高生产线的自动化，但技术的进步很大程度上源于生产需求和市场拉动。

2010年年底，中集集团在深圳东部建设了一条全新的集装箱生产线，将其命名为"梦工厂"，最大限度地实现了整个生产系统的物料闭路循环，从此焊烟弥漫、油味刺鼻的集装箱生产成为历史。"梦工厂"投产后，企业产能提高50%，95%以上的生产废水被回收并循环利用。中集集团"梦工厂"成为中国重体力、高污染、高能耗产业如何由粗放型制造向精细化制造转变的典范。

资料来源：陈劲，郑刚. 创新管理：赢得持续竞争优势［M］. 3版. 北京：北京大学出版社，2016.

创新案例1-2：海底捞的服务创新

说到服务创新，让人不由得想到了国内餐饮界的服务标杆——海底捞。他们的口号是"服务至上、顾客至上"，他们为顾客服务贴心到难以置信的地步。

海底捞的特色服务贯穿于顾客进店到离店的整个过程：顾客等候过程中免费提供上网、棋牌、擦皮鞋、美甲等服务，以及免费提供饮料、水果、爆米花、虾片等食物；就餐过程中，服务员发自内心的微笑和为顾客擦拭油滴、下菜捞菜、递发圈、擦眼镜布、15分钟一次的热毛巾、续饮料、帮助看管孩子、喂孩子吃饭、拉面师傅现场表演；店里还设有供小孩玩耍的游乐园，洗手间增设了美发、护肤等用品，还有免费的牙膏牙刷。甚至顾客打个喷嚏，就有服务员送来一碗姜汤。

这些让人惊讶的创新服务源自哪里？源自海底捞的企业文化——把顾客放在首位。海底捞的服务人员会根据店内顾客遇到的各类情形自觉反应和应对，难怪有本书叫《海底捞你学不会》。我们可能确实学不会，因为人家是把好的服务当成了公司最重要的事情来做。

资料来源：根据智铺子《海底捞极致服务的背后，到底是什么？》、创业邦杂志（ID: ichuangye-bang）整理

创新案例1-3：共享单车——中国模式的创新与创造

自行车曾经是20世纪80年代中国人最主要的交通、代步工具。今天，共享单车以其靓丽的外形、智能的解锁方式和"随时随地"的特点，重返历史舞台，在改善环境、减少污染、增强人们的体质以及推动城市可持续发展方面都大有裨益。

第三方调查机构QuestMobile公布的2017年11月数据显示，ofo小黄车最新月活用户为4 246.84万人，摩拜月活用户4 101.27万人。以ofo小黄车为例，其已为全球2亿用

户提供了超60亿次高效便捷、绿色低碳的出行服务，共计减少碳排放超过324万吨，相当于为社会节约了9.2亿升汽油、减少了超155万吨PM2.5排放。

共享单车还让分享经济深入每一个普通人的心里。作为一种新的商业模式，分享经济把传统的拥有、产权等观念转变为使用、信任与合作。资源不但为已所用，而且在更大范围内实现交通资源的置换和共享。通过共享模式，一辆自行车的使用效率提高了16倍；一辆自行车可以服务的人数从每天1人次变成了至少10人次，提高了至少10倍。

共享单车的出现让一批传统自行车企业"起死回生"，一批企业直接从濒临停产恢复到加班加点。创造出共享单车城市运维、城市仓储组装等新型岗位，带动一线工人薪资收入平均增长约15%。

以ofo小黄车为例，它整合中国互联网创新和传统产能优势，以"产品+服务"一体化解决形式登陆海外市场，从硬件到软件都是纯中国出口。本土化和"共享式出海"是ofo小黄车最重要的两大经验。目前ofo小黄车在每个国家都有分公司，还组建了一支外籍工程师团队，针对海外用户开发了海外版应用，并根据不同国家和地区进行本地化设计。ofo小黄车已经实现了支付体系的全球一体化，现在可以通过中文版App直接扫码解锁全球任何城市的小黄车，并实现实时结算。向继贵举例说，假设在美国骑行一次将花费1美元，那么直接使用中文版App，就可以打开小黄车，骑行结束后将换算成人民币实时结算。

随着ofo小黄车等国内共享单车企业的全球化进程加快，中国这一创新产品正在得到越来越多外国人的青睐。根据2017年App Store 9月下载量数据，在意大利市场"旅游类"应用排名中，ofo小黄车下载量位居第一；在GooglePlay 10月"旅游与本地出行类"免费应用榜单中，ofo小黄车下载量排名第一。在新加坡，ofo小黄车在免费类App总榜单中依然占据榜首。

资料来源：陈梦瑶. 共享单车改变中国：2017, 中国模式的创新与创造［EB/OL］.（2018-06-03）［2022-01-20］. 新华网.

创新案例1-4：特斯拉——开源与企业创新联盟

特斯拉的成功被业界归因为互联网思维的成功，而马斯克的开放专利之举，也正是体现了互联网"自由、平等、开放、分享"的精神。特斯拉开源所有专利的目的在于让更多的人或企业在一个较低门槛就可以站在巨人的肩膀上，投身于世界电动汽车发展和普及的浪潮中。开放专利表面上看是让竞争对手占了便宜，然而此举却无形中提高了特斯拉技术的普适性，使得它在未来标准的制订上抢占了先机。

因为，隐藏在背后的逻辑是，一旦特斯拉专利开源达到一定规模，其技术盟友成长到一定体量时，将不得不兼容特斯拉的充电标准。显然，如果特斯拉建立了一个以技术为支持的产业联盟，那么超级电池工厂的富余产能将会被特斯拉的盟友所消化，这时特斯拉不仅是一个电动汽车的制造者，更是上游核心电池资源的掌控者。

2015年1月23日，马斯克现身底特律北美车展。他说特斯拉真正面对的敌人，未必是传统厂商和经销商，而是已经习惯了内燃机车的用户，以及根植于传统业态的庞大产业惯性。要打破这个桎梏，联盟是最好的手段。

因此，特斯拉欢迎其他汽车商进入电动汽车行业，形成一个"电动汽车矩阵"，而不再单打独斗。这样一来，电动汽车行业就会有更大的势能，在市场培育、政策突破、技术积累、电动汽车产业链的形成等方面形成群体性生态效应，增大电动汽车体量。

特斯拉有望组建类似Open Handset Alliance的联盟机构，当初Google、三星等公司就是依靠这个联盟从苹果嘴里掏出大部分比萨的。正如马斯克所说，电动汽车要想成功，需要汽车行业外其他很多领域的技术，这种整合、创新的能力，特斯拉比其他任何传统汽车制造商更擅长。特斯拉这一经典案例，告诉我们通过开放与合作的形式，可以获得一个产业生态圈的发展，可以建立企业技术创新联盟，从而带动整个行业的创新。

资料来源：搜狐网《关于开放式创新，不得不看的八个案例》

创新案例1-5：通用电气的反向创新历程

表1.4　通用电气反向创新发展历程

价格	典型客户	典型用途	销售状况
2002年，传统仪器售价为10万美元以上	先进的医院和影像中心	测量心血管大小、血流量、评估前列腺健康、产妇胎儿健康检测等	昂贵而笨重的设备在中国销售状况不佳
2002年，手提超声仪器售价为3万～4万美元	中国农村诊所、美国救护队与急诊室	在中国发现肝脏肥大和胆囊结石，在美国识别宫外孕，在事故现场检查心脏血流量，在手术室安装麻醉导管	2007年团队推出1.5万美元设备，在中国销售起飞
2009年，手提超声仪器售价为1.5万～10万美元，传统超声仪器售价为10万～35万美元	全球市场	可执行放射科和产科功能	手提超声仪器全球收入由2002年的400万美元升至2008年的20.78亿美元

资料来源：刘宇，马卫. 通用电气的反向创新 [J]. 企业管理，2011（10）：38-39.

创新案例1-6：瓜果书——创意设计典型代表

瓜果书最早起源于日本，日本是最早致力于农业高新技术产业化研发推广的国家，瓜果书的设计和制作发轫于无土栽培技术的勃发。在日本农产省和日本有机农业研究会的共同推进下，瓜果书应运而生。瓜果书，通俗来讲，就是一种"书本里能长出花花草草、瓜瓜果果的有机书"。

但这个美丽的童话有着坚实的科学基础和依据。瓜果书本质上结合了工业设计的先进理念和园艺栽培的成熟技术，从而打造出极具创意的工业产品。瓜果书里含有膨化剂、高效营养介质以及迷你种子。在日本，各地商场和书店均有瓜果书出售，诸如"番茄书""黄瓜书""茄子书"等应有尽有。这些貌似书本的产品表面包装有防水纸，其内塞有石绒、人造肥和种子等。人们购回后按照附赠的种植说明，只要每天浇水，便能长出手指粗细的黄瓜、弹丸似的番茄、拳头大的茄子等。一般情况下，一本"番茄书"经培育可长出150～200个迷你果，一本"黄瓜书"可结出50～70条袖珍瓜。这种时尚新颖的创意产品一度在日本成为最畅销的工艺创意产品。

瓜果书在欧美的发展日趋成熟，以美国为例，美国的瓜果书更加注重无土栽培技术的应用，同时书本的外观设计更加多样化。这种瓜果书在美国的发展突出技术优势，以产品外观设计多样化为显著特征。美国和欧洲的这种创意设计理念逐步走向了书本的奇迹，科学家们正致力于改造书的内在结构，致力于书本材料的有机化。

现在的瓜果书，从全世界来看，还处于书本与有机介质的结合阶段。有机介质借助书本的外观创意设计，实现有机介质和种子的生根发芽、开花结果。

瓜果书的未来充满诱惑，那就是"书本开花结果"的童话成真。

资料来源：全球百科

综合案例1-1：华为创新发展之路

截至2016年底，华为有17万多名员工，华为的产品和解决方案已经应用于全球170多个国家和地区，服务全球运营商50强中的45家及全球1/3的人口。华为从2万元起家，用了不到30年的时间，从一家名不见经传的民营科技企业，发展成为世界500强和全球最大的通信设备制造商，创造了中国乃至世界企业发展史上的奇迹。

华为成功的秘诀是什么？创新！不创新才是华为最大的风险——华为总裁任正非的这句话道出了华为骨子里的创新精神。"回顾华为20多年的发展历程，我们深刻体会到，没有创新，要在高科技行业中生存几乎是不可能的。在这个领域，没有喘气的机会，哪怕只落后一点点，就意味着逐渐死亡。"正是这种强烈的紧迫感驱使着华为持续创新，踏踏实实地搞自主研发。目前，华为在美国、欧洲、日本、印度、新加坡等国家和地区构建了16个研究所、28个创新中心、45个产品服务中心。华为拥有全球最大规模的研发团队，将每年销售额的10%投入研发，累计获得专利授权36 511件。过去10年，华为累计投入研发的资金达250亿美元。

华为的创新体现在企业的方方面面：

1.战略创新。华为对技术投资是具有长远战略眼光的。如在"小灵通"火热时期，UT斯达康、中兴等企业抓住机会，赚了不少真金白银。而华为把巨资投入当时还看不到"钱景"的3G技术研发，也因此被外界扣上"战略失误"的帽子。事实上正如任正非所言，"小灵通"是落后技术，3G才代表未来主流技术。而当时国内市场遭遇3G建设瓶颈，华为则选择了海外布局，如今华为已成为全球主流电信运营商的最佳合作伙伴。华为的产品和解决方案已经应用于150多个国家和地区，服务全球1/3的人口，其海外市场销售额占公司销售总额近70%。在全球50强电信运营商中，有45家使用华为的产品或服务。现在，云计算被视为科技界的一场革命，华为依托强大的技术研发能力，借助云计算进行产业转型升级，实现"云管端"一体化，从单纯的CT产业向整个ICT产业扩展，将终端和软件服务领域作为未来成长的新空间。华为不赚"快钱"赚"长钱"的思想值得很多企业学习和借鉴。

2.技术创新。实际上，华为的技术创新更多表现在技术引进、吸收与再创新层面上，主要是在国际企业的技术成果上进行一些功能、特性上的改进和集成能力的提升。对于所缺核心技术，则通过购买或支付专利许可费的方式，实现产品的国际市场准入，再根据当地的市场需求进行创新和融合，实现知识产权的价值最大化。华为先后在德国、美国、瑞典、英国、法国等国家设立了23个研究所，与世界领先的运营商成立了34个联合创新中心，从而实现了全球同步研发。这项举措不仅把领先的技术转化为客户的竞争优势，帮助客户成功，而且还为华为输入了大量高素质的技术人才。

3.管理创新。与其他国内企业一样，华为创业之初也有过一段粗放式管理，但很快就认识到管理创新的重要性。华为先后与IBM、HAY、MERCER、PWC等国际著名公司合作，不惜花费数十亿资金，引入先进的管理理念和方法，对集成产品开发、业务流程、组织、品控、人力资源、财务管理、客户满意度等方面进行了系统变革，把公司业务管理体系聚焦到创造客户价值这一核心上。目前，华为有7万多名员工持有公司股权，全员持股吸引了越来越多的人才到华为工作，也是激活华为员工创造潜力与创新能力的重要因素。华为还探索出一套独特的人力资源管理模式，建立起行之有效的人力资源管理体系，尊重和爱护人才，聚集了一大批技术精英，为华为的可持续发展提供了源源不断的人力保障。在培养接班人方面，任正非打破家族式继承，推行轮值CEO制，让没有血缘关系的优秀者担任轮值CEO，首开中国民营企业打破"代际传承"之先河。

4.营销创新。华为通过对客户个性化需求的解读与研判，创造性地为客户进行"量体裁衣"式的个性化服务。满足不同客户的需求，成为华为进行创新的动力。抓客户的"痛点"而不是抓竞争对手的"痛点"，抓客户价值而不是抓产品成本。华为坚持以客户为中心，为客户提供一整套解决方案，成功地将客户和企业绑定在同一平台，除了初期的销售，还包括后续的产品升级、服务等。由于华为抓住了客户的根本需求，其收入是刚性的，盈利是持续的，这和一般的软件外包是截然不同的两个层次。

资料来源：于靖园. 华为式创新为何能成功？〔J〕. 小康，2017（13）：66-67.

三、创新训练

创新训练1-1：创新能力小测试

以下10个问题请根据自身实际情况选择"是"、"否"或"不确定"，计分标准见表1.5。

1.你认为那些使用古怪和生僻词语的作家，纯粹是为了炫耀。

2.无论什么问题，要让你产生兴趣，总比让别人产生兴趣要困难得多。

3.对那些经常做没把握事情的人，你不看好他们。

4.你常常凭直觉来判断问题的正确与错误。

5.你善于分析问题，但不擅长对分析结果进行综合、提炼。

6.你的审美能力较强。

7.你的兴趣在于不断地提出新的建议，而不在于说服别人去接受这些建议。

8.你喜欢那些一门心思埋头苦干的人。

9.你不喜欢提那些显得无知的问题。

10.你做事总是有的放矢，不盲目行事。

表 1.5　创新能力测试计分标准

题号	计分标准		
	是	否	不确定
1	−1	2	0
2	0	4	1
3	0	2	1
4	4	−2	0

续表

题号	计分标准		
	是	否	不确定
5	-1	2	0
6	3	-1	0
7	2	0	1
8	0	2	1
9	0	3	1
10	0	2	1

得22分及以上者，具有较强的创新能力，适合从事环境较为自由、没有太多约束、对创新性有较高要求的职位，如美编、装潢设计、工程设计、软件编程人员等。

得11~21分者，说明被测试者善于在创造性与习惯做法之间找到均衡，具有一定的创新意识，适合从事管理工作，也适合从事其他与人打交道的工作，如市场营销。

得10分及以下者，说明被测试者缺乏创新思维能力，属于循规蹈矩型，做人总是有板有眼，一丝不苟，适合胜任对纪律性要求较高的职位，如会计、质量监督员等。

创新训练1-2：创新创造意识训练

训练目的：增强学生的创新与创造意识。

训练指导：以下训练题，重在日常生活中坚持实践和锻炼。

训练内容：

1.日行"一创"。要求自己每天都有一个新发现；或者提出一个问题、对某一问题的怀疑、对问题的假设和解释等。

2.随身携带发现记录本。身边准备一个本子，注意观察工作与生活，争取每天记录一些新发现。

3.发问。一要学会遇事发问；二要善于请教内行、专家；三要不迷信专家、权威；四要多问自己，千方百计寻找答案。

4.创新节。确定自己的创新节时间，一周一天或者一月两天，平时注意发现问题，搜集资料，在创新节集中时间进行整合、精进和完成。

5.有自己的创新课题。创新课题无论大小，重在"从无到有"。创新课题由学生自己提出，以锻炼自己提出问题的能力。宜从小课题做起，重在检验最新最前沿的理论或技术。

相关讨论：

1.你是否每天都能有新的发现？你是否依然保持着对所有事物的好奇，渴望自己的想法得到验证？

_____

_____

_____

2.回想一下，当你遇到问题时，首先想到的是如何去解决这个问题，还是有其他更好的方法？

_____

_____

_____

_____

创新训练1-3：画桥

材料准备：

1.准备一幅画。画中有一座横跨河流的桥，或者只有河流没有桥。画只需半张A4纸大小。

2.具体操作步骤：

（1）把准备好的画粘贴在一张空白A4纸的上半部分。

（2）如果画中有桥，请用几分钟时间在A4纸的空白处画桥，尽可能地反映桥的大部分特征；如果画中没有桥，请用几分钟时间在A4纸的空白处画出一种过河的方法。

（3）讨论：

画桥的学生请回答：

①你是如何起笔作画的？你看到了什么？

②你知道最可能从哪里开始画画吗？

③你假定这座桥的材料、架构和功能是什么？

④你是否遵循了某种已有的方案？（如先画线条再看比例，然后添加适当规模的一组线条。）

⑤你认为这个任务是清晰的还是模糊的？

⑥如果有模型可供参考，会不会更有帮助？

⑦你知道画到哪里就可以结束了吗？

画出过河方法的学生请回答：

①你是如何起笔作画的？你看到了什么？

②谈谈你对桥的认识和了解。

③你知道最可能从哪里开始画画吗？

④你假定这座桥的材料、架构和功能是什么？

⑤你是否遵循了某种已有的方案？（没有，因为没有模型可供参考。）

⑥你想建造一座什么样的桥？是为人类服务的，还是仅供小动物、汽车、火车通行的？

⑦你做出了怎样的假设？

⑧你是否做过多次尝试（试验）？

⑨你认为这个任务是清晰的还是模糊的？

⑩没有模型作参考，是否感觉难以完成这一任务？

⑪当你开始画画时，你知道你创作的桥最终会是什么样子吗？

总结：

这是一个关于创新思维的练习，同学们可以从中体会到创造性思维和预测性思维的差异。预测性思维的本质是一种过程性思维，意味着按照一种线性模式进行创业，即识别机会、开发概念、评估和获取资源、发展企业，然后退出。而创造性思维则关注搅动已有的与"触手可及"的资源和关系，充分发挥它们的杠杆作用，以此作为新企业发展的路径，而不是依据已有商业计划去发现和获取资源。

创新训练1-4：连线

请一笔连接下图上所有的点，看谁连接的最富有意义。

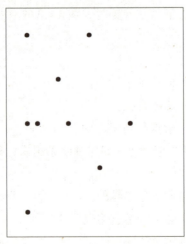

创新训练1-5：找规律

请将4、6、8三个数字按照规律放在以下数字的适当位置（左或右）：

1 7　　　235

创新训练1-6：框架内思考训练提高创新力

想创新就一定要打破原有的框框架架，尽可能地发散思维，直到找出解决办法。但是很多创新并不是来自天马行空的发散思维，而是在熟悉的领域里用固定的方法获得的。这就是框架内思考的含义。

什么是框架呢？框架就是你要解决的问题本身，和它周边的时间与空间区域。通俗来讲，就是你身边的资源。比如，你坐在卧室里，框架可能就是你和你这个房间内的床、桌子、衣架等组成的空间以及当时是晚上这个时间。框架内思考的含义是指那些最好的创新点其实就在我们手头和身边，只是我们很少这样思考过，总是寄希望于外部力量，用天马行空的灵感触发自己的创造力。

框架内思考可以用有套路的方法，系统地产生创意。过去我们在框架内思考时没有创造力，是因为当时的我们遵循了太多的思维定式。比如大家都觉得鸟是在天上飞的，鱼是在水里游的。

因此，框架内思考的障碍在于消除思维定式。想象一下，现在你一个人在沙漠里开车，突然车轮陷入沙地，四周空无一人，你也找不到木板、纸板或其他东西垫在轮子下，以便把车推出沙坑，这时候你该怎么办？

框架外思考：找外援，打电话找沙漠外的人帮忙，或者生火冒烟引起沙漠外的人的关注，等等。

框架内思考：在车内很容易发现汽车地垫就是一个很好用的工具。它表面有纹路，能够产生足够的摩擦力，自身还很柔软，能够轻松地放到合适的地方。这个看似很困难的问题立刻就解决了。

正因为人人都有思维定式，所以当你打破它之后，往往会让人们觉得很有新意。比如，人们认为电视机必须要有屏幕，如果你把屏幕去掉就发明了投影仪；人们觉得电视机必须要有按键，如果你把按键去掉就发明了遥控器。

第2章　创新思维

一、知识拓展

知识链接2-1：普通人的主要心理障碍

1.自我满足。比如，满足现有水平，现有的产品设计、制造方法、工装设备、质量标准，以及现有的组织机构、管理规章、销售方式等。只跟过去比，不放眼未来。

2.刻板僵化。刻板是以一种固定的眼光看待事物，不考虑多种可能性的思维方式和态度，缺乏弹性。说到底就是一种偏见思维。

3.因循守旧。习惯走老路，总按老框框、旧条条去处理问题。人们喜欢按已养成的习惯去做事情，这样不用动脑子又"保险可靠"。

4.崇拜权威。过于相信专家、报刊、书籍、名人的看法，而不去批判证实他们，随大流、赶时髦，害怕孤立，拘于习俗。

5.过早下结论。短视，自以为重实效，不赞成发散思维的深刻探讨。

6.害怕失败。怕出差错，怕冒风险，怕失败惹人笑话，怕冒尖遭到打击。

7.自卑。自卑的人看不起自己，也根本不想发挥自己的才能。只要有自卑心理，就不想去创新，也不敢去创新。

8.自我设限。就是在自己的心里默认了一个"高度"，这个"心理高度"常常暗示自己：这么多困难，我不可能做到的，也无法做到，成功概率几乎为零，想成功那是不可能的！"心理高度"是阻碍人们追求成功的重要原因之一，是创新的绊脚石。

延伸阅读2-1："三大件"折射出的居民生活质量变化

中国人的家庭"装备"总爱用"三大件"来概括，它代表家庭的收入水平，折射出居民生活质量，也是中国经济发展的侧影，深深地打上了时代的烙印。

改革开放前，手表、自行车、缝纫机是中国家庭很长一段时间渴望的"三大件"。在物资紧缺的时代，计划经济体制下只能凭票购买。拥有"三大件"既是经济实力的体现，也是特权的象征。"戴手表挠耳朵"，拥有一块手表便有无上幸福感和荣誉感。

进入21世纪，中国人大步流星奔小康，"三大件"更新频率加快。从电话、空调、计算机等高科技产品跃升到汽车、商品房、休闲旅游度假或度假别墅，再到21世纪的通行证——驾车、操作电脑、会外语。随着经济迅猛增长而来的高消费时代，恩格尔系数发生了显著变化。

当前，我们已经阔步迈进信息时代。信息时代是以计算机和互联网通信技术为核心的数字化时代。一个20世纪的成年人要成功"移民"到现在这个崭新的时代，必不可少的"三大件"——QQ、微信、移动支付。

资料来源：搜狐网《"三转一响"：中国人的特殊记忆》

延伸阅读2-2：关于电梯问题的解决方案测试

某工厂办公楼原是一栋两层楼建筑，占地面积很大，为了有效利用地皮，工厂新建了一栋12层的办公大楼，并准备拆掉旧办公楼。员工们搬进新办公大楼不久，便开始抱怨大楼的电梯不够快、不够多，尤其是在上下班高峰期，他们得花很长时间等电梯。为此，该厂征集到了以下五个解决方案：

1.在上下班高峰期，让一部分电梯只在奇数楼层停，另一部分则只在偶数楼层停，从而减少一半搭乘电梯的人。

2.安装几部室外电梯。

3.把公司各部门上下班时间错开，从而避免高峰期拥挤的情况。

4.在所有电梯旁的墙面上安装镜子。

5.搬回旧办公楼。

你会选择哪一个方案？

该厂最终选择了第四种方案，并成功地解决了问题。"员工们忙着照镜子整理仪容，或者偷偷观察别人，"负责人博诺先生解释道，"人们的注意力不再集中于等待电梯上，焦虑情绪得到缓释。大楼并不缺电梯，而是人们缺乏耐心。"

假如你选择了1、2、3、5，那么你用的是"纵向思维"，也就是传统思维。

假如你选择了4，那么你就是一位"横向思维"者，在考虑问题时跳出了思维惯性。

延伸阅读2-3：发散思维——"孔"结构的应用

"孔"结构在工程实例中应用非常广泛，同样的，可用"孔"结构原理解决人们日常生活中的许多问题，例如：

1.用直线"齿孔"把整版邮票一枚一枚分隔开来，零售时不仅方便，而且带齿孔的邮票比无齿孔的邮票美观好看。

2.钢笔尖上有一条导墨水的缝，缝的一端是笔尖，另一端是一个小孔，最早生产的笔尖没有这个小孔，既不利于存储墨水，也不利于在生产过程中开缝隙。

3.钢笔、圆珠笔类产品常常是成打（12支）平放在纸盒里，批发时不便拆封点数和查看笔杆颜色，于是，有人想出在每盒盒底对应每一支笔的下面开一个较大的孔，查验时只要翻转一看，就知道够不够数，是什么颜色，省时又省力。

4.有一种高帮球鞋两边也开有通风孔，有利于运动时散热。

5.弹子锁最怕钥匙断在锁孔里，或被人塞进纸屑、火柴梗很难取出来。如果生产锁时在钥匙口对面预留一个小孔，再出现上述情况时，用细铁丝一捅就"吐"出来了。

6.电动机、缝纫机的机头上预留小孔，便于添加润滑油。

7.防盗门上的小孔，装上"猫眼"能观察到门外访客。

资料来源：周苏，王硕苹，等.创新思维与方法［M］.北京：中国铁道出版社，2016.

延伸阅读2-4：大学生如何培养创新思维

创新思维是大学生必备的思维能力。当代大学生不仅要注重书本知识的学习，还要勇于创新。那么，大学生如何在专业学习中培养创新思维呢？

1.注重书本知识的积累。知识是人类进步的阶梯，我们只有踩在前人的肩膀上才能看得更远、走得更稳。培养创新能力，首先必须积累知识。

2.培养善于思考的习惯，遇到问题不急于发问。在平时的学习、生活中遇到了难题，大学生要善于思考，找到解决问题的办法。不是任何事情都可以一蹴而就，不动脑子就可以解出一道难题或者解决一件困难的事情。

3.培养动手能力，勇于实践。"实践出真知"说的就是这个道理，书本上的知识是死的，人的思维是活的。遇到一些操作性强的理论知识，只有动手去做，才能理解理论的瓶颈在哪里，才能找到解决的办法。不仅能解决问题，还要实现创新，找到更加完美的解决方法。

4.善于借鉴他人的创新思维和成果。人都有缺点，都有自己的局限性，很多你想不到的，别人能很轻松地想出来，这就是思维的局限性。因此，借鉴他人的创新思维，克服自己的知识盲点，往往会事半功倍。

5.从兴趣、爱好出发去思考。不管任何人，如果去做一件自己根本不感兴趣的事情，做起来不但没有激情，更别提创新了，所以创新培养要从爱好、兴趣出发。

6.善于从失败中总结经验。任何创新都不是立竿见影的，也不是一次就能成功的。失败是很正常的事情。善于从失败中总结经验，总会有成功的那一天。

二、案例研究

创新案例2-1：不创新，只有死——雅虎启示录

1994年诞生的雅虎（YAHOO!）一度在搜索引擎、电子邮箱、社交媒体以及新闻资讯等领域扮演着"领路人"的角色。如今，曾经的互联网巨头已风光不再。2016年7月25日，雅虎公司宣布以48.3亿美元向美国电信运营商威瑞森通信公司出售核心业务。至此，创建21年、影响成千上万人的雅虎传奇告一段落。

1994年，杨致远和大卫·费罗在美国创立了雅虎公司并成功上市，相继推出搜索引擎、电子邮件、即时通信、网页广告等业务，这些无不走在技术创新的前沿，一度成为信息技术行业的一大传奇，也成就了硅谷创业造富的"英雄"。

然而，作为门户网站的先驱者，雅虎似乎在"前沿"处莫名其妙地停下了脚步，掉了队。从网站到社交媒体，从有线互联网进阶到无线网络，从PC端转向移动终端的趋势方面，雅虎总比别人慢一步，甚至有脱口秀主持人戏称为"互联网行业的泰坦尼克号"。

不论是对企业自身定位的偏差，还是与大好发展机遇失之交臂，在专家看来，雅虎衰落的根本原因在于：在资本面前，是职业经理人而不是创始人主导公司的发展，使得雅虎在一波接一波的变革和创新大潮中逐渐落伍。

无论是国内的百度、阿里巴巴、腾讯，还是美国的谷歌、脸书、亚马逊，基本上都是创始人主导公司的发展，使公司创新的价值观能够一以贯之，在快速变化的浪潮中不断自我革命。

不创新只有被淘汰，这恐怕是雅虎落幕带来的最大警示。

资料来源：李政葳. 雅虎"贱卖"启示录：不创新，就只有被淘汰 [N]. 光明日报，2016-07-30.

创新案例2-2：所罗门·阿希的线段实验

美国心理学家所罗门·阿希曾邀请大学生做他的被试者，告诉他们实验的目的是研究人的视觉情况。当某一大学生走进实验室时，他发现有5个人已经坐在那里了，他只能坐在第6个位置上。事实上，他不知道的是，其他5个人是与阿希串通好的假被试者。

阿希的实验是让大家做一个非常容易的判断，即比较线段的长度。他拿出一张画有一条竖线的卡片［图2.1（a）］，然后让大家比较这条线和另一张卡片［图2.1（b）］上的3条线中的哪一条线等长，判断共进行了18次。事实上，这些线条的长短差异很明显，正常人很容易作出正确判断。

图2.1　所罗门·阿希的线段实验

然而，在两次正常判断后，5个假被试者故意异口同声地说出一个错误答案。于是许多真被试者开始迷惑了，他是坚定地相信自己的眼力呢，还是说出一个和其他人一样，但自己认为不正确的答案呢？

结果当然是不同的人有不同程度的从众倾向，但从总体结果看，大约37%的被试者的判断是从众的，大约75%的被试者至少做了一次从众性判断。

资料来源：百度百科

创新案例2-3：杂交水稻之父的创新之路

1953年，袁隆平从西南农学院毕业，分配到湖南湘西雪峰山麓的湖南省安江农校任教。最初他主要研究红薯、西红柿的育种栽培。

1960年，天灾人祸导致全国性的大饥荒，袁隆平和他的学生们也同样面临着饥饿的威胁。一天中午，他刚走出校门，远远地看到马路边围了一群人，走近一看，路边横躺着两具骨瘦如柴的尸体，围观的人脸上布满了忧伤。年轻的袁隆平目睹了这样严酷的现实，亲身感受到了"饿殍"两个字的刺痛。民以食为天，他觉得自己应该也必须做点什么。

当时"无性杂交"学说——"无性杂交可以改良品种，创造新品种"的传统论断垄断着科学界。袁隆平做了许多试验，依然没有任何头绪。他开始怀疑"无性杂交"的正确性，决定改变研究思路和方向，沿着当时被批判的孟德尔、摩尔根遗传基因和染色体学说进行探索，研究水稻杂交。

1960年7月，在安江农校实习农场早稻田中，袁隆平像往常一样，下课后挽起裤腿到稻田查看水稻的生长情况。突然，他发现了一株植株高大、颗粒饱满的水稻"鹤立鸡群"。他如获至宝，马上用布条加以标记，反复观察，并采集花药进行镜检。

第二年，他把收获的种子种下去，结果长出的水稻高的高矮的矮。袁隆平失望地坐在田埂上……突然，他来了灵感：水稻是自花授粉，不会出现性状分离，所以这一定是天然杂交种！袁隆平马上想到把雌雄同蕊的水稻雄花人工去除，授以另一个品种的花粉，就能得到有杂交优势的种子。但单凭人力不可能大量生产这样的种子，如果专门培育一种雄花退化的水稻，将其与其他品种混种在一起，用竹竿一赶花粉就落在雌花上，大量生产杂交稻种不就实现了？接下来的几年，每当夏天水稻扬花吐穗的时候，他就拿着放大镜，顶着烈日在田间苦苦寻找这种雄花退化的水稻。1964年7月5日，他在安江农校实习农场的早籼稻田中，终于找到一株奇异的"天然雄性不育株"，这是国内首次发现。经人工授粉，结出了数百粒第一代雄性不育植株的种子。

1965年7月，袁隆平又在安江农校附近稻田的南特号、早粳4号、胜利籼等品种中逐穗检查14 000多株稻穗，连同上年发现的不育株，共计找到6株。经过连续两年的春播与翻秋，共有4株繁殖了6-2代。

1966年2月28日，袁隆平在中国科学院主编的《科学通报》上发表了《水稻的雄性不孕性》，这是他关于杂交水稻的第一篇论文，直击禁区。后来袁隆平回想当年，深有感触地说："在研究杂交水稻的实践中，我深深地体会到，作为一名科技工作者，要尊重权威但不迷信权威，要多读书但不能迷信书本，也不能害怕冷嘲热讽，害怕标新立异。如果老是迷信这个迷信那个，害怕这个害怕那个，那永远也创不了新，永远只能跟在别人后面。科技创新既需要仁者的胸怀、智者的头脑，更需要勇者的胆识、志者的坚忍。我们就是要敢想敢做敢坚持，相信自己能够依靠科技的力量和自己的本事自主创新，做科技创新的领跑人，这样才会取得成功。"

资料来源：肖明. 大学生创新思维训练［M］. 上海：立信会计出版社，2017.

创新案例2-4：欧里希研究新药

20世纪初，化学家开始把发明新药的目光投向化学合成，其中德国化学家保罗·欧里希希望通过化学合成制备新的药物。当时的化学家发明了一些染料，用来给细胞染色，但细胞被染色后会失去生命。可见，染色剂也是杀菌剂。欧里希想，染料染色的同时，也在杀灭微生物，用它来消灭危害人类健康的锥虫病，会出现怎样的效果呢？非洲有一种苍蝇叫采蝇，专门吸牛血和人血，在吸血过程中把病人或病牛体内的锥虫传染给健康的人或家畜，锥虫在人畜体内繁殖并使其得病，这种病每年要夺去无数宝贵的生命。

欧里希试图用染色剂来杀灭锥虫，但试验了许多次都失败了。1907年，他从一本化学杂志上看到：用化学品阿托什尔能杀死锥虫，治好昏睡病。但阿托什尔会使人的视神经受到损坏，造成双目失明，也就是说治好锥虫病的同时人将在黑暗中生活一辈子。这篇文章给了欧里希极大的启发，阿托什尔能治好锥虫病，说明它的基本元素和基本结构对致病微生物有一定的抑制作用，能不能在这个基础上加以改进呢？沿着这一思路，欧里希发现阿托什尔是一种含有砷元素的药物，而含砷药物的毒性较强。欧里希认为物质的结构变了，相应的化学性质也会发生变化。与阿托什尔结构相似的化学物质，也许既能杀虫，同时毒性又较小。

于是，欧里希开始与同事们不断地合成新物质，不断地改变阿托什尔的结构，一次次试验这些新物质的生化功能，终于在失败了605次之后的1909年，他和团队研制的606号药剂取得了成功，研制出一种叫砷凡纳明的新药，与阿托什尔具有相似的结构和性能，但没有那么强的毒性，可以治疗昏睡病和梅毒。1912年，这个团队又成功地制成一种比606号更安全有效的治疗梅毒的新药914号。

欧里希利用收敛思维找到研制新药的具体思路，通过多次实验终于获得了成功。

资料来源：周苏. 创新思维与TRIZ创新方法［M］. 北京：清华大学出版社，2015.

创新案例2-5：彼特·尤伯罗斯组织1984年洛杉矶奥运会

彼特·尤伯罗斯因成功组织了1984年洛杉矶奥运会，被《时代周刊》评选为1984年度"世界名人"。在尤伯罗斯之前，举办现代奥运会简直是一场经济灾难：1976年蒙特利尔奥运会亏损10亿美元，1980年莫斯科奥运会耗资90亿美元。第23届奥运会洛杉矶政府没有提供任何资金，反而获利2.25亿美元，令全世界为之惊叹。这要归功于

尤伯罗斯在奥运经费问题上采用了横向思维，如图2.2所示。

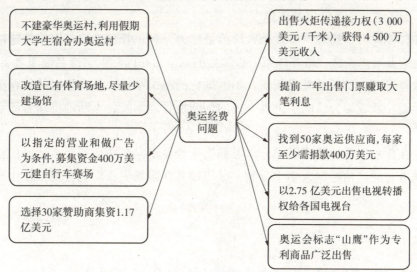

图2.2 解决奥运会经费的横向思维

尤伯罗斯运用横向思维，通过拍卖奥运会的电视转播权、出售火炬传递接力权、引入新的赞助机制等方式，扩大了收入来源。在开源的同时，尤伯罗斯全力压缩开支，充分利用已有设施，不盖新的奥运村，招募志愿人员为大会义务工作。凭借天才般的商业头脑和运作手段，尤伯罗斯使政府未拨分文的洛杉矶奥运会盈利2.25亿美元，成为近代奥运会恢复以来真正盈利的第一届奥运会，他本人也因此被誉为奥运会的"商业之父"。

资料来源：周苏. 创新思维与TRIZ创新方法［M］. 北京：清华大学出版社，2015.

创新案例2-6：北卡罗来纳大学——用创新思维应对商业难题

北卡罗来纳大学普尔管理学院是秉持"培养具有企业家精神的学生"这一理念的学校。北卡罗来纳大学坐落于美国东南部大西洋沿岸的罗利市。罗利市拥有达勒姆和教堂山，是美国高科技企业扎堆的城市，该市分布着IBM、思科系统、SAS研究所、Biogen Idec和葛兰素史克等巨头公司，可以为学生提供非常便利的实习实践机会。

北卡罗来纳大学普尔管理学院向所有学生灌输创新思维，培养每个学生自发地运用创造性和创新思维应对商业问题的能力。作为一所擅长科学、技术、工程和数学的大学，学院扎根于北卡罗来纳州以便为学生提供一个充满活力的研究和学习环境。得益于国际市场对科技管理人才的迫切需求，北卡罗来纳大学普尔管理学院在全球的声誉和热度不断攀升。

普尔管理学院重点从现实世界的经验和对其他人成功的热情两个方面对学生进行

培养，这促成了诸如学院的业务可持续性协作、消费者创新联盟和世界知名的供应链资源协作等研究、学习计划的创建。

追求科技前沿是趋势，实现个人价值是动力，普尔管理学院正因秉持这两大理念实现了快速发展。在这一培养体系下，学生的竞争力在国际大学排名也随之飞速提升。巨大的教育投入，持续的教育创新，不断进化的组织结构，强大稳固的伙伴关系使普尔管理学院一跃成为公认的、世界一流的创新型管理学院，不断地推动着商业和社会的发展。

学生在普尔管理学院可以充分学习到当今世界走向成功必备要素之一的企业家精神，而随着企业家精神深入学生骨髓，必将助其在职场中获得优势地位，走向人生的新高度。

资料来源：京领新国际

创新案例2-7：华为高层务虚会推行头脑风暴法

华为公司的高层务虚会常常采取头脑风暴法。

华为高层务虚会一般进行两天。第一天上午漫议，总裁任正非采取完全的头脑风暴法，与会者可以说出自己的任何想法。下午，会议开始筛选并聚焦主题，所有人开始围绕主题进行充分的开放式讨论，并且主动与任正非或其他高层进行争论和辩解。

第二天，进一步收缩讨论的议题，大家对前一天富有代表性的观点进行充分讨论，然后形成会议纪要。会后，华为将会议纪要下发到相关部门的高管层，听取相关的意见和建议，接着进行讨论、修改，经数次反复，最终形成决议。

资料来源：黄继伟.华为工作法［M］.北京：中国华侨出版社，2016.

创新案例2-8："一日一创"的奥斯本

奥斯本文化程度不高，没有上过大学，1938年，21岁的他失业了。他的梦想是做一名受人尊敬的新闻记者。为了实现自己的梦想，他鼓足勇气去一家小报社应聘。主编问："你有多少年的写作经验？"奥斯本回答："只有三个月。不过请您先看看我写的文章吧！"主编接过他的文章看了看，摇着头说："年轻人，你这篇文章写得不怎么样，你既无写作经验，又缺乏写作技巧，文笔也不够通顺。但是，你这篇文章也有独到的地方，内容上有独到的见解，这个独到的东西是创新。这很可贵！就凭这一点，我愿意试用你三个月。"

奥斯本由此领悟到创新性的可贵，明白了自己的优势所在，他决心做一名具有创新能力的人。于是，他反复研究主编交给他的大沓报纸，又买回其他报纸进行比较。第一天上班，奥斯本迫不及待地冲进主编办公室，大声说："主编先生，我有一个想法。"主编瞪大眼睛看着这个毛头小伙子。他不顾主编的表情，只顾着自己的思路滔滔不绝："广告是报纸的生命线，我们无法与各大报纸竞争大广告，而小工厂、小商店也做不起大广告，他们又急于把自己的产品或商品推销给更多的人，我们何不创造分类广告，以低廉的收费满足这一层次消费者的需要呢？"主编说："好啊！真是一个了不起的想法！"这就是现在报刊上广泛刊登的分类广告。

奥斯本养成了每天提一条创新性建议的习惯。两年后，这张小报发展成为一个实力雄厚的报业托拉斯，奥斯本也升任报业集团副董事长。

资料来源：肖明. 大学生创新思维训练［M］. 上海：立信会计出版社，2017.

创新案例2-9：移动互联网时代的迭代思维

迭代最初是个数学专有名词，是指将初始值经过相应公式计算后得到新值，并通过相同方法对新值进行计算，经过反复计算得到最终结果的一种数学算法。任何事物经过几次迭代后都会蜕变成新的事物，这一方法在移动互联网时代被称为迭代思维。迭代思维一经提出就受到人们的推崇，在移动互联网上占有重要地位。

以 App 开发为例，团队成员在最短的时间内上线 App 的第一版，通过收集用户的反馈意见在最短的时间内改版升级，并迅速推出新版本，然后再收集用户的反馈意见进行再开发，发布、反馈、再发布、再反馈，这样的过程就是一次迭代，经过几次迭代后，App 就能达到较完美的状态。

迭代思维的核心是在最短的时间内将产品推出，快是迭代思维的根基。其次是追求以最低的成本推出产品。在移动互联网时代，每一个产品的第一版本都是简单的，甚至存在重大缺陷。究其原因，一方面是大家都在争分夺秒地推出产品，谁先成功地推出产品谁就抢占先机；另一方面是只要具备主要功能，抢先推出产品，可以极大地降低成本和风险，在人力、物力、财力方面都是一种极大的节约。

迭代思维的典范，莫过于腾讯的微信了。微信第一版，只有一些最基本的功能，如即时通信、更换头像等，与QQ并没有太大的区别，但是，谁也没料到，这个最初看起来并不起眼的 App 日后竟会在移动互联网掀起大风大浪，成为 App 开发中的标杆性应用，腾讯更是因此一举进入国际化市场，全面开启全球市场的争夺战。

微信是如何做到的？首先是快，当 Kik 等类似软件在市场上刚刚起步时，腾讯仅三个月就推出了第一版，四个月后迅速推出了 2.0 版。其次是产品的不断迭代，第一版收到用户反馈后，腾讯立即对产品进行升级改版，迅速推出 1.1 版、1.2 版、1.3 版三个版本，并且功能不断增加。

迭代思维说起很简单——快和重复。快是迭代的必然要求，重复不过是迭代的表现形式。迭代的真正内涵是升华、积累、总结、量变到质变再到量变的过程。

当然，运用迭代思维，千万不要忘记起点，只有选择了合适的起点才能有远大前途，如果起点的方向错了，那再怎么迭代，得到的结果也不过是废纸一张。因此，最重要的是选择好迭代的起点。例如，在开发 App 时，事先一定要弄清楚所开发的 App 是否有价值，是否能开发出来；确定之后迅速开发，并在最短的时间内上线第一版；然后根据用户反馈不断改进，迅速上线升级版本。

资料来源：李光斗. 移动互联网时代的迭代思维［EB/OL］.（2014-06-25）［2021-09-30］. 新浪财经.

综合案例2-1：14亿人的咖啡启蒙

2010年，一架私人飞机突然降落在云南普洱镇，舱门打开，星巴克创始人兼CEO霍华德·舒尔茨走了出来。这是星巴克进入中国的第11个年头，作为中国咖啡市场最主要的玩家，舒尔茨必须重视本土化供应链，作为中国最主要的咖啡产区，普洱镇的咖啡农场早已布满了外资品牌的Logo。

英国《金融时报》调查，中国每年的咖啡消费量已超过3万吨，并以每年15%的速度增长，是全球咖啡消费市场发展最快且最具潜力的国家。根据预测，到2020年中国咖啡豆市场每年将达500亿美元，这意味着中国人人均每天将消费一杯咖啡。而20世纪80年代，每10个中国人一年还喝不到一杯咖啡。21世纪初，中国咖啡市场几乎完成了欧洲市场逾百年才能完成的转变，而舒尔茨无疑是推动这一转变的最关键人物。

舒尔茨在自传《将心注入》中提到，早年的一次意大利米兰之行决定了他的事业方向——街角随处可见的咖啡馆溢出的咖啡浓香弥漫着整个城市。但纯正的口感并不是舒尔茨征服中国人的秘诀，在中国这个具有饮茶传统的国度，人们的味蕾极难被左右。

不过这丝毫不影响人们越来越多地走进星巴克咖啡馆。早晨，衣着光鲜的白领从星巴克走出，手握一杯咖啡，旋即消失在CBD的水泥森林里。下午，三五好友坐在星巴克的皮质沙发上，或洽谈生意，或打发闲散时光。在北京、上海这样的大城市，泡咖啡馆已成为一种备受推崇的时尚生活方式，人均每年可消费20杯左右。

1998年星巴克刚进驻中国时，英国《金融时报》做过一个调查，在中国喝一杯星巴克咖啡显然要比买一件"维多利亚的秘密"（国际品牌内衣）更加时髦。促使人们消费的不是味蕾，而是身份的认同感。在过去10年，星巴克所代表的生活方式逐渐演变成为中国式精英文化的一个贴身标签。这就不难解释，为什么麦斯威尔、雀巢等公司早于星巴克开启了速溶咖啡时代，却始终未能创造流行的消费趋势的原因。

咖啡馆文化在崭新的中国市场也比星巴克在全球其他市场体现得更为明显。星巴克在美国是从咖啡产品出发，衍生出的一种新的生活方式，再逐渐发展成除家庭和工作场所外的"第三空间"。而初到中国，舒尔茨就直接嫁接了富有情感的"第三空间"概念。对比结果也显而易见，多数美国消费者外带咖啡，而中国人更享受堂食的氛围。因此，中国门店的面积大于美国门店，装修与设置上也更为考究。

在中国，星巴克堪称"咖啡文化导师"，它成功地把咖啡塑造为不仅仅是一种饮品，而且通过咖啡这一载体传递一种生活方式和文化，品牌与产品本身已难以分割。这也是星巴克自进入中国以来，舒尔茨一直坚持的理念。这位星巴克传奇的缔造者认为，星巴克的未来不在于销售咖啡豆和冲泡咖啡的设备，而在于打造优雅的咖啡馆环境和出售冲泡好的咖啡。

中国人对咖啡的需求正好迎合了星巴克的扩张需要。"中国市场给星巴克的机会确实大大超出了我们的预期，"舒尔茨说，"我们在中国北上广以外的二、三线城市也获得了巨大成功，因此我们有足够的信心加快在中国的发展。"目前，星巴克已在中国开设了6 000多家门店，而品牌影响力则远远超出了门店覆盖的范围。

虽然泡咖啡馆已经融入了一线城市居民的日常生活，但还有更多的中国人将其视为难以企及的时尚消费殿堂。如今，欧美发达国家平均每人每年的咖啡消费量为500杯以上，有些甚至超过1 000杯，如芬兰、瑞典。近邻日本人年均消费200杯，韩国人年均消费140杯。相比之下，中国的咖啡消费市场还有巨大的上升空间。在舒尔茨的战略中，中国的地位已提升至"除美国外的第二大市场"。随着市场的不断下沉，星巴克将继续担任"咖啡导师"，传播咖啡文化，把更多人的梦想变成现实。"中国人爱喝茶，但我们使他们爱上了咖啡。"星巴克创始人兼CEO霍华德·舒尔茨如是说。

资料来源：星巴克创始人CEO霍华德

三、创新训练

创新训练2-1：画圈游戏

画圈游戏：将下面所有圆圈加工成可以识别的图片。例如，你可以画一个和平标志、一张脸、一只眼球、一个轮胎。

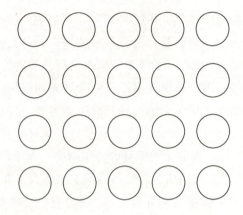

资料来源：托马斯·沃格尔. 创新思维法：打破思维定式，生成有效创意［M］. 陶尚芸，译.北京：电子工业出版社，2016.

创新训练2-2：创新思维训练小方法

1.想象训练：

（1）假如外星人真的存在，想象一下它们的样子。

（2）假如世界上只剩下你一个人，想象一下你的生活会怎样。

（3）假如有一天地球不再适合人类居住，想象一下人类可能的生活环境。

（4）假如你穿越时空隧道回到唐朝，想象一下那里的情景。

（5）假如你设计一款汽车，想象一下它的外观和性能。

2.一个轮子置于一平面上，轮子边缘有一个黑点，使轮子在平面上滚动，想象并画出黑点在轮子滚动时的运动轨迹。

3.电话铃突然响起，在接听前，请运用直觉思维，预测是什么人打来的，有什么事。

4.在大街上遇到一名陌生人，请运用直觉思维，猜测他的年龄、职业或家庭状况。

5.以下是电影里的经典台词，你从中得到什么启示？

（1）《玻璃樽》：星星在哪里都是很亮的，就看你有没有抬头去看它们。

（2）《饮食男女》：人生不能像做菜，把所有的食材都准备好了才下锅。

（3）《半生缘》：我要你知道，这个世界上有一个人会永远等着你。无论是在什么时候，无论你在什么地方，反正你知道总会有这样一个人。

（4）《教父》：别跟我说你是无辜的，这让我愤怒，因为它侮辱了我的智商。

（5）《简·爱》：你以为我贫穷、不漂亮，就没有感情吗？如果上帝赐予我美貌和财富，我也会让你难以离开我的！就像我现在难以离开你一样！

资料来源：孙伟，李长智. 创新创业教程［M］. 北京：清华大学出版社，2017.

创新训练 2-3：日常想象与联想思维训练

日常生活中，你不妨通过以下练习来训练想象思维和联想思维：

1.假如你正在电梯里，突然电梯失控，先迅速升到顶层，紧接着坠向最底层，瞬间你会涌现出哪些可怕的联想？

2.把自己想象成投入洗衣机中的衣服，想象整个洗衣过程，你有什么样的感觉？

3.当你看到高速公路上风驰电掣的汽车时，你会联想到哪些与其截然相反的事物？

4.把闹钟和西瓜进行联系，分别找出两种事物的相似点和不同点，能否产生好的创意？也可以将周围看到的任何两种事物进行联系，考量能否产生好的创意？

创新训练 2-4：训练正向思维与逆向思维的小测试

日常生活中，你不妨通过以下练习来训练正向思维和逆向思维：

1.如何摘下帽子？法国巴黎的女士都喜欢戴漂亮的帽子，连到电影院都不愿意摘下，严重影响后排观众看电影。请问：有什么办法能让她们自愿摘下帽子，且不伤害她们的自尊？

2.分苹果。篮子里有4个苹果，平均分给4个小孩，到最后，篮子里还有1个苹果。请问：他们是怎样分的？

3.过河。在一条荒无人迹的河边停着一只小船，小船只能容纳一个人。某一天，有两个人同时来到河边，且都乘这只船过了河。请问：他们是怎样过河的？

4.瓶塞问题。有人不拔下瓶塞就能喝到酒。请问：你能做到吗？（注意不能把瓶子弄破，也不能在瓶塞上钻孔。）

5.公安局局长在茶馆里与一位老大爷下棋，正下到难解难分之时跑来一个小孩，小孩着急地对公安局局长说："你爸爸和我爸爸吵起来了。"老大爷问："这孩子是你的什么人？"公安局局长答道："是我的儿子。"请问：这两个吵架的人与公安局局长是什么关系？

6.学校举行校运会，小文在百米赛跑比赛中加快速度，在最后一刻超过了第七名。请问：他是第几名？

7.用6根等长的火柴，试组成4个三角形，每边的长度都等于火柴的长度。请你试一试。

创新训练2-5：创新思维的日常训练

1.随身携带笔记本和笔，因为你永远不知道灵感会何时何地出现。

2.限制看电视的时间，因为看电视会让大脑进入断电和被动状态。有研究表明，看电视的人，大脑中的 α 波——明显抑制人的意识活动的脑波会增加。努力让你的大脑时刻保持活跃，这是创造性的关键。

3.找几个大笑的理由。有研究表明，人在接触有趣的事情后，能更好地回答为评估创造性思维设计的测试题。

4.多阅读、多接触优美的创造性作品。

5.做一些不寻常的事情，走出你的舒适区。例如，准备早餐时，你可以先倒进牛奶，然后撒上浇头，最后配上麦片（而平常是先加入麦片，然后倒进牛奶，最后才撒上浇头）。

6.学习一门新的语言，培养一种新的爱好。当你的大脑忙着处理这些活动时，会促进血液循环，并加强大脑中神经细胞之间的联系。比如，完成一个拼图游戏，或者换只手刷牙。

7.当你的思维遇到障碍时，先分散自己的注意力，回头再思考。例如，当你解一道数学题时遇到了困难，切勿转头去解另一道数学题，而是起身给植物浇水，这种分散注意力的方法也许更有效。

8.跳出专业范畴，以外行的眼光看问题，有助于开发更多的创造性解决方案。

9.打破传统思维方法，开发事物的新用途。比如，购物袋是否还有别的用途？

10.多接触社交圈外不同背景的人。比如其他学校、其他班的同学，社会上的企业人士。

资料来源：托马斯·沃格尔.创新思维法：打破思维定式，生成有效创意［M］.陶尚芸，译.北京：电子工业出版社，2016.

创新训练2-6：六顶思考帽

六顶思考帽是指使用六种不同颜色的帽子代表六种不同的思维模式。

白色思考帽：白色是中立而客观的。戴上白色思考帽，代表人们关注的是客观事实和数据。

绿色思考帽：绿色代表茵茵芳草，象征勃勃生机。绿色思考帽寓意创造力和想象力，具有创造性思考、头脑风暴、求异思维等功能。

黄色思考帽：黄色代表价值与肯定。戴上黄色思考帽，代表人们从正面思考问题，表达乐观、满怀希望、建设性的观点。

黑色思考帽：戴上黑色思考帽，代表人们可以运用否定、怀疑、质疑的态度，合乎逻辑地进行批判，尽情地发表不同的意见，找出逻辑上的错误。

红色思考帽：红色是情感的色彩。戴上红色思考帽，代表人们可以表达自己的情绪，还可以表达直觉、感受、预感等方面的看法。

蓝色思考帽：蓝色思考帽负责控制和调节思维过程。负责控制各种思考帽的使用顺序，规划和管理整个思考过程，并负责作出结论。

各小组运用工具表写出日常生活中的 10 个问题，选出一个最有价值、最迫切需要解决的问题，运用头脑风暴法探索该问题的解决方案，最后筛选出三个比较可行的方案。

运用六顶思考帽思考法对上述筛选出的三个解决方案进行讨论，要求严格按照"白、黄、黑、绿、红、蓝"的步骤讨论，并写出各步骤的结论。

最后，各小组提交六顶思考帽训练成果。

第3章 设计思维

一、知识拓展

知识链接3-1：斯坦福设计思维模型

斯坦福大学的D. School团队把设计思维归纳成一套科学的方法论，得出了包含五个阶段的设计思维过程模型（图3.1），通过团队合作解决问题，获得创新。

图3.1　D. School团队的设计思维五阶段模型

这五个阶段可总结如下：

（1）同理心：在这个阶段，通过与专家交谈或进行调查研究来扩充和丰富设计师的认知。以同理心为基础，通过了解用户在生活中的行为、与用户相互作用并了解他们各方面的需求以及体验用户体验过的生活来领会用户的意图。

（2）定义：将通过同理心所得到的用户意图转换成更深层次的用户需求以及对用户的了解，目标是生成用户对所面临问题采取解决方案的描述，这种描述最终指导用户采取何种改变能够获得更好的体验。

（3）概念生成：在概念生成阶段，将所有相关人的想法收集起来，但对产生的想法不作任何评价和约束。其主要特征是创造性和想象力，体现为一种发散思维，目的是探索出更宽泛的解决方案空间，包括新想法的数量和差异性。

（4）原型化：原型化阶段强调将脑海中的想法表达出来，一个原型可以是任何实质性的东西，比如一个草图、一面贴满便条的墙或一个物体，是一种快速表达想法的方式。在创造原型的过程中，需要一个快速且灵活的方法来对原型进行试验，越早发现问题对整个设计过程越有帮助。同时，原型化过程可以分析出一个方案是否过于复杂或过于简单，范围过于宽泛或过于狭隘，从而保证快速地学习以及在不同的可能性中进行权衡。

（5）测试：测试阶段就是从原型中找出什么是可行的、什么是不可行的，根据反馈对原型进行修改，然后反复迭代。测试的目的是改善解决方案，将方案置于真实环境中操作，通过参数度量方案的优劣，通过反复的测试将不成熟的原型与用户生活联系起来以得出更好的方案。

资料来源：李彦，刘红围，李梦蝶，等. 设计思维研究综述［J］. 机械工程学报，2017，53（15）：1-20.

知识链接3-2：设计启示工具的优势与特性

77种设计启示为设计者们提供了丰富的概念演变灵感。

有些启示改变了产品的形式，比如改变产品的几何造型：扭曲、滚动、嵌套、堆叠伸缩，或者进行折叠以节省空间。根据这些启示对产品的形状进行简单的改变就可以增加产品的趣味性和多样性，获得最理想的效果。还有的启示旨在改变产品的功能，比如使用多个部件完成一种功能，将多个部件固定在一个底座上，重新设计连接部件，以及通过位置变动改变功能。每种启示都可能触发设计师的灵感，既能增加设计的变化感，又能让现有设计的功能更加高效。

设计启示工具的优势包括简单易用、用简洁的提示引导设计师的思维方向。每多一种提示，就多一种思考方向，因此，设计师可以从中获得无限灵感。生成的概念越多，设计出能满足用户需求的产品的可能性就越大。也就是说，增加设计概念的数量、多样性和创造性越多，设计师满足客户需求和背景的选择就越多。设计启示工具为设计师提供了多种方式来生成创意设计。

设计启示的一个关键特性是根据用户需求设计概念。例如，"根据用户调整功能"就是建议设计师要根据用户间的差异（比如身高或年龄）调整概念。关于用户需求的其他启示还包括融入用户互动功能、提供感官反馈、改变表面性质（从而为用户提供指导），以及允许用户定制、重新配置、改变方向和组装产品。产品开发应当围绕用户的需求和角色展开，因此专业设计中用到的启示通常都是为了解决用户的需求而存在的。

设计启示的另一个关键特性是可持续性。这些启示包括减少材料、使用可回收材料、让包装也成为一项功能、重新设计包装用途、使用人工能源，以及设计可循环使用的产品等。概念设计中的可持续性问题对于用户和制造商来说同等重要，这些启示可以推动概念变革，实现可持续发展的目标。例如，"让包装也成为一项功能"这个启示，就提出了把包装变成产品的一部分。图3.2给人的启示就是建议设计师把包装变成产品的一部分，并以两种消费品为例，当用户使用彩色铅笔时，包装盒摇身一变，就成了一个笔架。

启示卡展示了每一条设计启示的本质。

让包装也成为一项功能

停止使用后即弃的包装，通过赋予辅助功能，把包装变成产品的一部分,这样可以减少浪费,带来收纳整理功能

让包装也成为一项功能

费拉隆椅子
（Heinz Julen）
不使用时，可以把椅子折叠成一个底部有椅子的木椅，用来收纳靠垫

可折叠铅笔盒
（辉柏嘉品牌）
用户使用产品的时候，可以把铅笔盒折成一个笔架

图3.2 设计"启示卡"

延伸阅读3-1：77种设计启示

序号	设计启示	定义
1	增加层次	确定产品的功能层次并新增一系列渐进式改变，从而推动不同功能间的逐步过渡
2	增加动作	让动作成为产品功能的一部分，从而减少用户的操作量或增加产品的趣味性
3	增加自然元素	寻找产品与自然的联系，增强产品的功能或美感
4	在现有产品的基础上增加内容	让现有的元素成为产品功能的一部分。比如增加附属部件，设计一个系统，或者界定该元素与产品的关系
5	通过动作改变功能	通过移动产品或部件改变产品的功能，比如不同的手势（旋转、滑动或滚动等）和控制方式

续表

序号	设计启示	定义
6	根据用户调整功能	根据用户的年龄、性别、教育背景等多种因素设计功能，每一位用户都可以自行调整功能
7	环形部件设计	围绕主要功能新增部件，比如排列或布置成圆形
8	让用户动手组装	如果产品尺寸太大不便包装，或者希望加深用户对产品功能的了解，可以让用户亲自动手，感受整个组装流程
9	让用户自由定制	提供个性化选项，增加用户互动，比如增强用户的拥有感和仪式感
10	让用户重新组装	让用户通过重新组装配件改变产品的功能，比如增加附件或者改变部件的排列方式
11	让用户改变产品方向	通过垂直或水平翻转产品或部件实现不同的功能
12	拟人	赋予产品人类或动物的特征、姿态和情感，增加产品拟人性
13	以全新方式应用现有机制	思考如何在其他产品中实现这个功能，以及如何把它们应用到你的产品中实现新功能
14	建立产品与用户的联系	通过产品与人体的接触，让用户成为产品功能的一部分，比如用户的头部、手指或双脚，重新定义产品的用途
15	弯曲	通过弯曲一整块材料，形成角度或圆润的曲线，赋予产品表面不同的功能
16	建立用户社群	两名或更多用户如何通过合作来操作产品，或者单个用户的操作如何影响其他用户
17	改变使用方向	用户可以从不同的方向使用产品，比如侧面或正面，从而得到不同的功能
18	改变材料特性	使用其他材料或改造现有材料，从而改变产品的物理特性，比如耐久度、溃散性、功能性和适应性
19	改变造型	使用更简单的几何造型来实现同样的功能，使用全新造型来重新定义用户与产品的互动
20	改变产品寿命	检验产品或零件的预期寿命并调整使用次数
21	改变表面性质	使用不同的颜色、质感、材料和形式，突出显示产品表面的用户互动部分
22	拆分	把产品拆分成独立部件或增加新部件
23	身临其境	展示产品的使用环境和使用方式，并把产品代入其中
24	2D 变 3D	通过弯曲、扭曲、褶皱或连接二维材料，制作出三维物体
25	转化为另一种功能	产品或部件拥有多种稳定形态，每种形态都代表不同的功能

续表

序号	设计启示	定义
26	盖上或包起来	增加一个顶盖变成置物架，或者用其他材料把产品表面或部件包起来，实现个性化、多功能和保护的目的
27	创造服务	根据用户和服务供应商的互动设计一款服务
28	创造系统	确定核心流程，设计一个多阶段系统把这些流程进行整合以实现整体目标
29	分隔连续表面	将一个连续部件或平面分隔成多个部分或功能区，从而重复特定功能或对功能进行重新布局
30	升高或降低	升高或降低整个产品或部件，实现人体工程学解决方案或额外功能，增加产品的适用性
31	扩大或缩小	产品可以变大变小，从而实现不同的功能。可以考虑使用液体、充气材料、柔性材料或复杂的连接部件
32	展示产品内部	取消外表面或使用透明材料，展示产品的内部构造，以便用户观察和了解产品动作
33	延伸平面	加宽或扩展产品的功能区平面，从而强化、调整现有功能或增加新功能
34	压平	使用柔性材料或连接部件，让产品能够被压平，方便携带、排列和储存
35	折叠	通过铰链连接、弯曲或压皱产品部件或表面，方便包装盒储存
36	凹陷	在产品上形成凹陷，方便匹配其他产品、功能或用户体形
37	功能分级	把现有功能按顺序分级，方便操作；设计各级功能的使用方法，方便用户准确地使用所需功能
38	融入环境	围绕自然或人工环境设计产品，让环境成为产品的一部分，而不是把产品和环境分开
39	融入用户互动功能	通过统一、直观的方式，让用户通过互动界面调整产品功能
40	层次	使用相似或不同材料为产品设计多个层次，从而实现不同的功能和趣味
41	可拆卸部件	每一个部件都可以拆卸，增加了产品的灵活性，方便使用、携带或维修、转移
42	多功能	研究产品附带次要功能，设计一种新形式来同时实现两种功能
43	可循环使用的产品	用可以重复使用的部件来代替一次性部件，根据新材料的特性修改产品设计
44	整合多个表面	用互补功能连接多个部件的表面

续表

序号	设计启示	定义
45	模拟自然机制	模拟自然过程、机制或系统
46	对称或排列	根据中心轴或对称性来对称或重复排列元素，分配受力，降低生产成本，增加美感
47	嵌套	一个套一个，外层物体的内部和内层物体的外部要匹配
48	提供备用部件	提供额外部件，方便用户改变或调整功能；可单独购买或随产品附赠；设计好收纳位置
49	提供感官反馈	向用户反馈感知信息（触觉、听觉或视觉）；降低出错率，确认操作，提示产品功能
50	重新排列部件	定义各部件间的关系，改变部件排列方式；增加附件或重排部件
51	改变连接方式	通过移除、覆盖或改变连接处的方向，改变部件的连接方式
52	减少材料	取消不必要的部件或结构元素，节约材料，提高材料使用率
53	改变方向	不同的方向代表了不同的功能，垂直或水平翻转产品或部件
54	重复	通过重复部件或整个产品来强化功能，实现多种功能同时进行，分散负荷，降低成本
55	改变包装的用途	改变包装的用途，比如把包装变成游戏道具、装饰品或其他有用的物品
56	卷起来	增加柔性材料，让部分或整个产品绕着一个中心点或支撑平面卷起来
57	旋转	让部件绕着中心点或中心轴旋转，或者让用户移动部件，从而调整或改变功能
58	放大或缩小	改变产品或部件的尺寸，思考产品的尺寸和比例如何影响产品的功能
59	独立功能	定义产品的各功能部件，每个部件应以独立形式存在
60	简化	取消不必要的复杂元素，降低成本和浪费，或者让产品更直观
61	滑动	让部件在平面上滑动，从而打开或关闭平面，重新排列部件，或者调整产品尺寸大小
62	堆叠	堆叠部件或整个产品以节约空间，保护内部结构，或创造视觉效果
63	寻找替代方式实现功能	取代现有部件，实现或增强现有功能；使用不同的材料或形式
64	合并功能	将两项或多项功能合并，形成一个新设备；思考两项功能如何互补

续表

序号	设计启示	定义
65	望远镜式	将尺寸较长的部件设计成可以伸缩的形式，从而节约存放空间
66	扭转	将简单的物体朝相反方向一次或多次，变成有趣的标志性产品；形成较大的平面区域
67	统一	为了视觉上的统一，根据相似性、依属性和位置分布等直观联系对元素进行归类
68	将部件放在同一个底座上	把多个模块放在一个底座或围栏系统中，减少零件数量，让用户可以重新布局，让产品更紧凑
69	使用一整块连续材料	用一整块连续材料连接不同的零件，减少零件和连接部件的数量，降低复杂性
70	使用不同的能源	使用不同的能源并修改设计，比如化学能源、地球化学能源、水电、太阳能及风能
71	使用人工能源	让用户成为首要和次要功能的能源，以及多种能源的综合体
72	用多个部件实现一个功能	确定产品的核心功能，用多个部件实现同一功能，各部件负责专门的工作
73	让包装也成为一项功能	停止使用后即弃的包装，通过赋予辅助功能，把包装变成产品的一部分
74	使用回收或可回收材料	尝试使用回收材料或可回收材料；思考产品的结构和使用环境会出现哪些变化
75	利用内部空间	利用产品或部件的内部空间收纳其他部件
76	让反面也发挥作用	形成外和内、前和后、下和上的对比；利用正反两面补充现有功能或打造不同功能
77	视觉差异	改变个体设计元素，在功能间形成视觉差异

二、案例研究

创新案例3-1：用消费者画像帮商家把握未来

前不久，周羽接待了一位重庆皮革制造商，老板说自家生产的牛皮席一床几千元，甚至上万元，卖得并不便宜，可是消费者非常喜欢，销量一直不错，他不知道为什么。

消费者为什么中意一款产品？未来消费者还会喜欢哪些款式和功能的产品？这就是周羽及其团队的创业项目——用大数据为消费者"画像"，以预测未来 5～7 年的消费趋势。

重庆的这家牛皮席深受消费者喜爱，产品大卖是值得高兴的事，可是开心之余老板又担心了：今年卖得好，明年还会如此吗？一床价格不菲的牛皮席，消费者为什么偏偏选择我们家？在老板的心中有太多问号。说得再直白点，老板希望今年、明年、以后的每一年自家推出的产品都能受欢迎。有很多企业都有类似需求，企业需要时刻洞察消费者心理，以此把握前沿商机。

为此，周羽及其团队通过一系列专业数据分析和用户深度访谈后得知，该老板的牛皮席在同品质品牌中之所以热销，很大一部分归因于"情怀"——受父母辈影响，以及浓厚的本土品牌情结。

"对消费偏好与行为进行预测，可以帮助企业以市场需求的趋势引导创新研发方向，生产出适销对路的产品。"所有的产品都离不开消费者，只有重视消费者，才可能走向成功。无论是产品投放，或者提档升级，都是市场说了算，消费者拥有绝对话语权。CIR 的项目帮助企业"把脉"，"这个项目的难点在于，数据的广度和深度，所有的后期深度挖掘和分析，都需要大量数据支撑"。

资料来源：谈书.用大数据给消费者"画像"靠帮商家掌控未来创业［N］.重庆商报，2018-02-27.

创新案例3-2：IDEO 公司的"陪同购物"

Warnaco 的产品是女性贴身内衣，它在百货商店销售，而不是在自己的专卖店里。"顾客在百货商店购买我们的产品时享受不到美好的购物体验，我们必须使百货商店更吸引人。"Warnaco 的怀亚特说道。

Warnaco 和 IDEO 对 8 位女士进行了"陪同购物"。他们同时暗访了三个城市的百货商店来了解女性贴身内衣的购物体验。结果是：女性消费者十分不喜欢购买 Warnaco 的产品。原因如下：她们进入商店，找不到女性内衣区域。找到区域后，又找不到自己的尺码。试衣间太小，容不下陪同购物的女伴，而且附近没有供人歇坐的地方。这样的购物体验十分糟糕。

于是，IDEO 公司重装设计了带有大更衣室的百货商店销售区域，有着供夫妻或朋友私聊的休息区，有导购人员，并且推出时尚产品供顾客选择。2000 年，凯莉将 IDEO 欧洲部和伦敦事务所的总经理布朗升任为 CEO。2004 年，布朗将 IDEO 组织成一个专业的实施或技术领域顾问公司。

IDEO 的快步伐、开放自由的方式令很多企业望而却步。但正因为 IDEO 这种敢于打破常规的方法，它的创新意识得到认同者的追随。

资料来源：设计之家《IDEO公司：全新的设计体验》

创新案例3-3：将"客户体验"做到极致的星巴克

随着"互联网+"时代的到来，用户对消费体验变得非常在意，良好的体验才能让消费者感受到品牌的文化和价值。一对夫妇第一次走进星巴克，服务员热情地接待了他们。当问及需要什么时，这对夫妇说，他们只是进来看看。他们很好奇，为什么那么多人走进星巴克，他们想知道"星巴克的魅力何在"，很快他们成为星巴克的常客。

顾客的"消费体验"被星巴克演绎得淋漓尽致。星巴克的"顾客体验"是如何做到极致的呢？

一位男士经常一个人到星巴克吃饭，他曾对一位咖啡师说，每天中午，星巴克是他的第三空间，还强调说："星巴克，你对我非常好，你不但记住了我，而且真心欢迎我来这里。"

这是发生在星巴克的真实故事，也是星巴克用户体验的最好见证。

细心的消费者会发现，当你走进任何一家星巴克门店时，都会发现他们的柜台很低，这种设计并不是无来由的，而是希望顾客站在那里有种宾至如归的感觉，就像回到家里一样熟悉，这也是创始人舒尔茨所追求的体验。他要求所有的店面设计都能让顾客看到服务员铲咖啡豆的样子，听到机器研磨咖啡的声响，感受到咖啡制作的整个流程，直到咖啡送到顾客手中。

近年来，星巴克通过科技手段来提升用户体验，不但提升了营运效率，营业额也有了大幅度的增长。随着互联网的迅猛发展，根据Open Signal's的全美Wi-Fi报告，星巴克是全美最快的免费Wi-Fi提供者。移动支付是星巴克在涉及顾客体验上做的变革之一，现已在全球范围内推广。星巴克对销售系统进行了改进，利用星巴克卡、移动支付系统、借记卡或贷记卡支付可以节省不少时间。星巴克的数据显示，每年消费者共计节省90万小时的等候时间。

"互联网+"的创业时代，人们的生活方式渐渐被改变，消费者越来越精明，创业者需要不断地运用"互联网+"的科技思维来改善与消费者之间的沟通方式和方法，提供良好的用户体验。星巴克良好的客户体验告诉我们，将客户体验放在首要位置，成功离你不会太远。

资料来源：必发财富网《星巴克的"顾客体验"是如何做到极致的？》

创新案例3-4："米老鼠"与创意产业化

1928年，美国人华特·迪士尼创作出"米老鼠"这一经典的卡通形象，一举将迪士尼公司带离濒临破产的困境。90余年来，迪士尼公司成功地实施了演绎作品战略，对"米老鼠"系列作品改编、翻译、汇编以求推陈出新，赚取了数以亿计的利润。其具体做法包括：

1.拥有版权

迪士尼公司对"米老鼠"系列作品都拥有原始版权或买断版权，进而建立自己的作品库，从而保证随时有权对作品进行演绎，不断组合各种素材进行综合利用的优势。正是对版权的绝对占有，使得迪士尼公司规避了繁杂的版权纠纷，进而缔造了当今全球传媒集团中的巨擘地位。迪士尼的收入由五部分组成：①票房收入；②发行录像带、DVD；③迪士尼主题公园的推广；④特许经营和品牌专卖；⑤电视媒体。据统计，在迪士尼的全部收入中，电影发行加上后续的电影和电视收入占30%，主题公园的收入占20%，其余50%则全部来自品牌销售。

2.横向演绎

迪士尼公司对"米老鼠"主要采取了"业内演绎"和"开拓渠道"两大横向策略。业内演绎的主要方式有：①无声变有声、卡通变电视、给米奇搭配女朋友等；②注册"米奇""米老鼠"等商标以期获得商标法的无限保护；③将"米老鼠"等产品及其制作方法申请专利以期获得专利法的保护。开拓渠道的主要方式有：①从影院到杂志、从唱片到网络、从制片到传媒；②特许授权与特许加盟；③业界合作联合、兼并收购。

3.纵向演绎

"米老鼠"诞生至今，不同版本与汇编满足了消费者不同的需求，迪士尼公司也不断更新变化自身巨大的作品库，形成新的组合型作品。其次，紧跟新技术是纵向演绎的发展方向，例如，将《威利汽船》《疯狂飞机》等"米老鼠"无声电影果断改编为有声电影上映发行，而今则利用先进的数字技术对作品不断地进行演绎发展。演绎作品是原作的发展，同时也是原作的替代，通过这种创新活动，一方面形成了版权产业的基础，另一方面也为衍生产品和其他市场运作提供了广阔的施展空间。迪士尼"米老鼠"的成功是创新的结果，而演绎正是创新的重要途径。

资料来源：孙伟，李长智. 创新创业教程［M］. 北京：清华大学出版社，2017.

综合案例3-1：揭秘中国传媒大学的"创新魔法"

在举国欢庆建党100周年之际，中国传媒大学设计思维学院院长税琳琳让当下最火的"数字人"向党献礼，不失为将年轻人喜爱的元素注入建党百年诞辰的一种创新尝试。

税琳琳的这个想法与2006年毕业的校友金晟一拍即合。金晟率领20余人连续奋战10个昼夜，挑选出6个重要场景做出6张海报，让面向未来而生的"数字人"以自己不变的面容参与到建党百年的历史画卷中，包含嘉兴南湖红船、抗美援朝胜利、改革开放、抗疫等关键历史时间点。"数字人"用使命的决心见证当时新青年的力量，也替新时代伟大征程中的青年发声。

税琳琳此前一些创作成功后，也尝试归纳各种创新成功的因素，但一直没有找到解法，后来看到设计思维这套方法论，豁然开朗。设计思维把创新分为三大阶段、六大步骤，为创作者提供了创作的流程和方法，形成了一整套系统。

在创作时，通常是已知面前的起点，而终点则是朦胧的。利用设计思维的流程、方法，创作者就能设计出一个全新的方案，获得一个最优解。"所以我在教学、实践中，从来没觉得创新是一件特别苦的事情，需要抓耳挠腮找灵感，而是方法在手，知识创新变得有章可循。"

任欣雨是该校2016级动画研究方向的学生，大一第一学期就上了系里"金牌通识课"——设计思维，因为觉得这门课很独特，很有意思，所以第二学期开课又毫不犹豫参加了。在课上，任欣雨碰到了一个来自企业的真实任务。当时，大众汽车（中国）公司希望通过人性化的方式提升公众的道路交通安全意识。课堂上，学生们分成几个小组，每个小组拿到一样的初选题，但经过调研、采访，最后各组给出项目方案的用户和解决方向完全不同。

任欣雨所在小组最后确定的方向与提高安全带使用率有关。实际采访调研中小组发现，落座小汽车后排的乘客系安全带的意识远不如驾驶位和副驾驶位乘客，所以决定从提高后座安全带使用率入手。

在设计思维的指导下，小组细化分析安全意识的相关因素发现，安全意识与亲密关系和责任感紧密相关，亲人之间通常会更多叮嘱安全事宜，通常"上有老、下有小"的人常会祈祷事故不要发生在自己身上。

小组将方案确定为主要针对经常与孩子一起出行的用户，选择让孩子反过来和家长沟通，制作了一种带透明夹层的安全带保护套，里面可以放进孩子和家人的画、寄语等，粘在安全带上，既吸引使用者的注意，也加宽了安全带，增加了安全带的舒适性。

该方案从众多的设计方案中脱颖而出，经过多轮论证，大众汽车决定首先在员工内部进行测试，6 000多人参与活动，获得了非常好的反馈。接下来在北京、天津、成都等13个儿童道路安全中心落地。由于在多地受到广泛欢迎，2017年大众汽车将这个公益项目的成果应用到商业场景，在78家4S店举办了该活动。

讨论：基于设计思考的步骤讨论该校创新背后的主要原因。

资料来源：北京时间财经

三、创新训练

创新训练3-1：建立同理心

观察以下两个场景，重点思考：

1.观察她是什么人，正在做什么？

2.感受她有哪些感受？

3.感觉她最需要什么？

创新训练3-2：问题定义

请根据下述材料，用How might we公式定义正确的问题：

美国"天赋教育"（相当于我们的尖子班）有一道经典的领导力训练题：假设在2097年，你和你的宇宙飞船机组成员正执行一次百年宇宙飞行的使命。着陆时，却遇到了问题：

你们降落在错误的着陆点上。

在测量设备全毁的情况下，你将如何率领团队走出绝境？

用How might we定义问题（我们该如何为谁做点什么，以便解决什么问题）。

创新训练3-3：从同理到问题的定义训练

1.观察——他们是什么人，正在做什么？

2.感受——他们有何感受？

3.需求——他们有何需求？

4.问题定义——为他们做些什么，以满足他们的需求？

创新训练3-4：从同理到产品原型

训练步骤：

1.在日常生活中对某一类人群进行同理（最好从以上四幅图中任选一类作为同理对象），请阐述你观察到什么、感受到什么、他们的需求是什么？

2.图中的人属于哪类人群，请对他们进行客户画像（至少三个特征）；

3.对他们的痛点进行问题定义（How might we?）；

4.构思解决这一问题的创意方案；

5.将创意方案物化为原型产品。

第4章　TRIZ理论

一、知识拓展

知识链接4-1：矛盾矩阵应用步骤

矛盾矩阵的应用步骤：

（1）确定技术系统名称。

（2）确定技术系统的主要功能。

（3）对技术系统进行详细分解，划分系统的级别，列出超系统、系统、子系统各级别的零部件和各种辅助功能。

（4）对技术系统、关键子系统、零部件之间的相互依赖关系和作用进行描述。

（5）对系统和子系统的层、级描述要准确，不能只对整个产品或系统进行笼统描述，应具体到零部件级。建议使用"主语+谓语+宾语"的工程描述方式，尽可能少用定语。

（6）确定技术系统应改善的特性。

（7）确定并筛选设计系统被恶化的特性。在提升改善某一特性的同时，必然会带来其他一个或多个特性的恶化，被恶化的参数又往往属于尚未发生的，所以在筛选并确定这些恶化的特性时，需要"大胆设想，小心求证"。

（8）将确定的参数查表。工程参数的定义描述是一项难度较大的工作，不仅需要科学理解39个工程参数，更需要丰富的相关知识。

（9）对通用工程参数的矛盾进行描述。改善的工程参数与随之而来被恶化的工程参数之间形成了矛盾。如果所确定的该矛盾的两个工程参数是同一参数，则属于物理矛盾。

（10）对矛盾进行反向描述。假如加大一个被恶化的参数的程度，改善的参数将会被削弱，或另一个恶化的参数将会被加剧。

（11）查找矛盾矩阵表得到所推荐的发明原理的排序编码。

（12）按照排序编码查找40条发明原理目录，获得发明原理的序号和名称。

（13）按照发明原理的序号和名称，对应查找40条发明原理与实例获得发明原理的详解。

（14）将所推荐的发明原理逐个应用到具体问题上，探讨每个原理在具体问题上该如何应用和实现。

（15）如果查找到的发明原理都不适用于具体问题，则需重新定义工程参数和矛盾，并再次应用和查找矛盾矩阵表。

（16）筛选出最理想的解决方案，进入产品方案设计阶段。

资料来源：周苏. 创新思维与TRIZ创新方法［M］. 北京：清华大学出版社，2015.

知识链接4-2：四种物-场模型

根据物-场模型分析，可以将技术系统中的物理矛盾或技术矛盾，归结为以下四种类型：

（1）有效模型。这是一种理想状态，也是设计者追求的状态。功能的三个元素都存在，且相互之间的作用充分。

（2）不充分模型。功能的三个元素齐全，但设计者追求或预期的相互作用未能实现或只是部分实现。

（3）缺失模型。功能的三个元素不齐全，可能缺少物质，也可能缺少场。

（4）有害模型。虽然功能的三个元素齐全，但是产生的相互作用是一种与预期相反的作用，设计者不得不想办法消除这些有害的相互作用。

对于第一种模型，系统一般不存在问题；如果属于后三种模型中的任何一种，系统就会出现各种问题，因此，后三种模型自然是TRIZ理论重点关注的对象。为了简单、方便地描述物-场模型，推荐采用表4.1中的图形符号表示系统中存在的物-场类型。

表4.1　物-场模型的图形符号及意义

符号	意义	符号	意义
──────▶	期望的作用	∿∿∿▶	有害的作用
------------▶	不足的作用	══════▶	改变的模型

知识链接4-3：40个发明原理

下面具体介绍40个发明原理。

原理1　分割

A. 把一个物体分成相互独立的部分，为不同材料（如玻璃、纸、铁罐等）的再回收设置不同的回收箱。

B. 将物体分成容易组装和拆卸的部分。如组合家具。

C. 提高物体的可分性。如活动百叶窗替代整体窗帘。

原理2　抽取

从物体中抽出产生负面影响的部分或属性，或者仅抽出物体中必要的部分或属性。如空气压缩机，将其产生噪音的部分即压缩机移到室外，用光纤或光波导分离主光源，以增加照明点。

原理3　局部质量

A. 将物体、环境或外部作用的均匀结构变为不均匀，将系统的温度、密度、压力由恒定值改为按一定的斜率增长。

B. 让物体的不同部分具有不同功能。如瑞士军刀（带多种常用工具，如螺丝刀、起瓶器、小刀、剪刀等）。

C. 让物体的各部分处于完成各自功能的最佳状态。如在餐盒中设置间隔，在不同的间隔内放置不同的食物，避免串味。

原理4　增加不对称性

A. 将物体的对称外形变为不对称；引入一个几何特性来防止元件不正确的使用方式（如电插头的接地棒）；为改善密封性，将O形密封圈的截面由圆形改为椭圆形。

B. 增加不对称物体的不对称程度。如为增强防水保温性，建筑上采用多重坡屋顶。

原理5　组合

A. 在空间上将相同物体或相关操作加以组合。如集成电路板上的多个电子芯片并行计算机的多个CPU。

B. 在时间上将相同或相关操作进行合并。如冷热水混水器。

原理6　多用性

使一个物体具备多项功能，消除了该功能在其他物体内存在的必要性（进而裁减其他物体）。如牙刷的把柄内装牙膏；可移动的儿童安全椅，既可放在汽车内，拿出汽车外也可单独作为儿童车；企业中具有多种才能的人才。

原理7　嵌套

A. 把一个物体嵌入另一个物体，然后将这两个物体再嵌入第三个物体，依此类推。

如俄罗斯套娃、可伸缩电视天线、汽车安全带。

B.让某物体穿过另一物体的空腔,如伸缩式天线。

原理8 重量补偿

A.将某一物体与另一能提供升力的物体组合,以补偿其重量。如用氢气球悬挂广告牌。

B.通过与环境(利用空气动力、流体动力或其他动力等)的相互作用实现物体的重量补偿。如直升机的螺旋桨(利用空气动力学)、轮船应用阿基米德定律产生可承重千吨的浮力、赛车安装上阻流板用来增加车身与地面的摩擦力则利用了空气动力学的特征。

原理9 预先反作用

A.事先施加机械应力,以抵消工作状态下不期望的过大应力。如酸碱缓冲溶液。

B.如果问题定义中需要某种相互作用,那么事先施加反作用。如在灌注混凝土前,对钢筋预加应力。

原理10 预先作用

A.预先对物体(全部或部分)施加必要的改变。如不干胶粘贴(只需揭出透明纸,即可用来粘贴);手术前将手术器具按所用顺序排列整齐。

B.预先安置物体,使其在最方便的位置开始发挥作用而不浪费运送时间。如在停车场安装的预付费系统;建筑物内通道里安置的灭火器。

原理11 事先防范

采用事先准备好的应急措施,补偿物体相对较低的可靠性。如显影剂可依据胶卷底片上的磁性条来弥补曝光的不足;降落伞的备用伞包;航天飞机的备用输氧装置。

原理12 等势

改变操作条件,以减少物体提升或下降的需要。如工厂中与操作台同高的传送带;巴拿马运河的水闸。

原理13 反向作用

A.用相反的动作代替问题定义中所规定的动作。如将两个套紧的物体分离,将内层物体冷冻(传统的方法是将外层物体升温)。

B.让物体或环境的可动部分不动,不动部分可动。如加工中心中变工具旋转为工件旋转;健身器材中的跑步机。

C.将物体上下或内外颠倒。如把杯子倒置从下边喷水进行清洗。

原理14 曲面化

A.将物体的直线、平面部分用曲线或球面代替,变平行六面体或立方体结构为球形结构。如在两表面间引入圆倒角,减少应力集中。

B.使用滚筒、球、螺旋结构。如千斤顶中螺旋结构可产生很大的升举力;圆珠笔和钢笔的球形笔尖，使书写流畅。

C. 改直线运动为旋转运动。如应用离心力制成离心甩干机。

原理15 动态特性

A. 调整物体或环境的性能，使其在工作的各阶段达到最优状态。如飞机中的自动导航系统。

B. 分割物体，使其各部分可以改变相对位置。如：

a. 装卸货物的铲车，通过铰链连接两个半圆形铲斗，可以自由开闭，装卸货物时张开，铲车移动时铲斗闭合。

b. 折叠椅／笔记本电脑。

C. 如果一个物体整体是静止的，使之移动或可动。如可弯曲的饮用麦管；在医疗检查中，使用挠性肠镜。

原理16 未达到或过度的作用

如果所期望的效果难以百分之百实现，稍微超过或稍微小于期望效果，会使问题大大简化。如印刷时，喷过量的油墨，再擦掉多余的油墨，会使字迹更清晰；在孔中填充过量的石膏，再打磨平滑。

原理17 空间维数变化

A. 将物体变为二维（如平面）运动，以克服一维直线运动或定位的困难；或过渡到三维空间运动，以消除物体在二维平面运动或定位的问题。如螺旋梯可以减少占地面积。

B. 单层排列的物体变为多层排列。如立交桥、印刷电路板的双层芯片。

C. 将物体倾斜或侧向放置。如自动垃圾卸载车。

D. 利用给定表面的反面。如双面的地毯、两面穿的衣服。

E. 利用照射到邻近表面或物体背面的光线。如苹果树下的反射镜。

原理18 机械振动

A. 使物体处于振动状态。如电动振动剃须刀。

B. 如果已处于振动状态，提高振动频率（直至超声振动）。如超声波清洗。

C. 利用共振频率。如超声波碎石机击碎胆结石。

D. 用压电振动代替机械振动。如高精度时钟使用石英振动机芯。

E. 超声波振动和电磁场耦合。如超声波振动和电磁场共用；在电熔炉中混合金属，使之混合均匀。

原理19 周期性作用

A. 用周期性动作或脉冲动作代替连续动作。如警车所用警笛改为周期性鸣叫，避免产生刺耳的声音。

B. 如果周期性动作正在进行，改变其运动频率，用频率调音代替摩尔电码。如使用 AM（调幅）、FM（调频）、PWM（脉宽调制）来传输信息。

C. 在脉冲周期中利用暂停来执行另一有用动作。如医用呼吸机系统每五次胸廓运动，进行一次心肺呼吸。

原理20　有效作用的连续性

A. 物体的各个部分同时满载持续工作，以提供持续可靠的性能。如汽车在路口停车时，飞轮储存能量，以便汽车随时启动。

B. 消除空闲和间歇性动作。如后台打印，不耽误前台工作。

原理21　减少有害作用的时间

将危险或有害的流程或步骤在高速下进行。如照相用闪光灯。

原理22　变害为利

A. 利用有害的因素（特别是环境中的有害效应），得到有益的结果。如废热发电，回收废物二次利用（再生纸）。

B. 将两个有害因素相结合进而相互抵消。如潜水中用氮氧混合气体，以避免单用某一种气体造成昏迷或中毒。

C. 增大有害因素的幅度直至有害性消失。如森林灭火时用逆火灭火（在森林灭火时，为熄灭或控制即将到来的野火蔓延，燃起另一堆火将即将到来的野火通道烧光），即"以毒攻毒"。

原理23　反馈

A. 在系统中引入反馈机制。如声控喷泉、自动导航系统。

B. 如果已引入反馈机制，改变其大小或作用。如在5公里航程范围内，改变导航系数的敏感区域；自动调温器的负反馈装置。

原理24　借助中介物

A. 使用中介物实现所需动作。如用拨子弹月琴。

B. 把一物体与另一容易去除的物体暂时结合。如饭店上菜的托盘。

原理25　自服务

A. 物体通过执行辅助或维护功能为自身服务。如自清洗烤箱、自补充饮水机。

B. 利用废弃的能量与物质。

原理26　复制

A. 用简单、廉价的复制品代替复杂、昂贵、不方便、易损、不易获得的物体。如虚拟训练飞行员系统；看电视直播，而不到现场。

B. 用光学复制品（图像）代替实物或实物系统，可以按一定比例放大或缩小图像。如用卫星相片代替实地考察，通过图片测量实物尺寸。

C. 如果已使用了可见光复制品，用红外光或紫外光复制品代替。如利用紫外光诱杀蚊蝇。

原理27　廉价替代品

用若干便宜的物体代替昂贵的物体，同时降低某些质量要求（如工作寿命）。如一次性餐具。

原理28 机械系统替代

A. 用视觉系统、听觉系统、味觉系统或嗅觉系统代替机械系统。如用声音栅栏代替实物栅栏（如光电传感器控制小动物进出房间）；在煤气中掺入难闻气体，警告使用者气体泄漏（替代机械或电子传感器）。

B. 使用与物体相互作用的电场、磁场、电磁场。如为混合两种粉末，用电磁场代替机械振动使粉末混合均匀。

C. 用运动场代替静止场，时变场代替恒定场，结构化场代替非结构化场。如早期的通信系统用全方位检测，现在用特定发射方式的天线。

D. 利用带铁磁粒子的场作用。用不同的磁场加热含磁粒子的物质，当温度达到一定程度时，物质变成顺磁，不再吸收热量，以达到恒温的目的。

原理29 气压和液压结构

将物体的固体部分用气体或流体代替，像充气结构、充液结构、气垫、液体静力结构和流体动力结构等。如气垫运动鞋，减少运动对足底的冲击；汽车减速时液压系统储存能量，在汽车加速时再释放能量；运输易损物品时，经常使用发泡性保护材料。

原理30 柔性壳体或薄膜

A. 使用柔性壳体或薄膜代替标准结构。如在网球场采用充气薄膜结构作为冬季保护措施；农业上使用塑料大棚种菜。

B. 使用柔性壳体或薄膜，将物体与环境隔离。如用薄膜分别储藏水和油。

原理31 多孔材料

A. 使物体变为多孔或加入多孔物体。如为减轻重量，在物体上钻孔，或使用多孔性材料。

B. 如果物体是多孔结构，在小孔中事先引入某种物质。如用海绵储存液态氮。

原理32 颜色改变

A. 改变物体或环境的颜色。如在暗室中使用安全灯作警戒色。

B. 改变物体或环境的透明度。如使用感光玻璃，使之随光线改变透明度。

原理33 均质性

存在相互作用的物体用相同材料或特性相近的材料制成。如方便面的料包，外包装都用可食性材料制造；用金刚石切割钻石，切割产生的粉末可以回收。

原理34 抛弃或再生

A. 采用溶解、蒸发等手段抛弃已完成功能的零部件，或在系统运行过程中直接修改它们。如可溶性药物胶囊；火箭助推器在完成使命后立即分离。

B. 在工作过程中迅速补充系统或物体中消耗的部分。如草坪剪草机的自锐系统；自动铅笔。

原理35 物理或化学参数改变

A. 改变聚集态（物态）。如酒心巧克力，先将酒心冷冻，然后将其在热巧克力中蘸一下；用液态石油气运输，不用气态运输以减少体积和成本。

B. 改变浓度或密度。如用液态的肥皂水代替固体肥皂，可以定量控制使用，减少浪费。

C. 改变柔度。如硫化橡胶改变了橡胶的柔性和耐用性。

D. 改变温度。如提高烹饪食品的温度（改变食品的色、香、味）；降低医用标本保存温度，以备后期解剖。

原理36 相变

利用物质相变时产生的某种效应。如水在固态时体积膨胀，可利用这一特性进行定向无声爆破。

原理37 热膨胀

A. 使用热膨胀或热收缩材料。如装配钢双环时，可使内环冷却收缩，外环升温膨胀，再将两环装配，待恢复常温后，内外环就紧紧装配在一起了。

B. 组合使用不同热膨胀系数的几种材料。如热敏开关（两条黏在一起的金属片，由于两片金属的热膨胀系数不同，对温度的敏感程度也不一样，可实现温度控制）。

原理38 强氧化剂

A. 用富氧空气代替普通空气。如为持久在水下呼吸，水下呼吸器中储存浓缩空气。

B. 用纯氧代替空气。如用乙炔-氧代替乙炔-空气切割金属；用高压纯氧杀灭伤口厌氧细菌。

C. 将空气或氧气进行电离辐射。

D. 使用离子化氧气。

E. 用臭氧代替含臭氧氧气或离子化氧气。

原理39 惰性环境

A. 用惰性环境代替通常环境。如用氩气等惰性气体填充灯泡，制成霓虹灯。

B. 使用真空环境。如真空包装食品，延长储存期。

原理40 复合材料

用复合材料代替均质材料。如飞机外壳使用复合材料；用玻璃纤维制成的冲浪板，更加易于控制运动方向，而且易于制成各种形状。

知识链接4-4：76个标准解

76个标准解决方法可分为五类：建立或破坏物质场；开发物质场；从基础系统向高级系统或微观等级转变；度量或检测技术系统内的一切事物；描述如何在技术系统

引入物质或场。发明者首先要根据物质场模型识别问题的类型，然后选择相应的标准解决方法。

第一类标准解：不改变或仅少量改变系统

（1）假如只有S1，应增加S2及场F，以完善系统三要素，并使其有效。

（2）假如系统不能改变，但可接受永久的或临时的添加物，可以在S1或S2内部添加来实现。

（3）假如系统不能改变，但用永久的或临时的外部添加物来改变S1或S2是可以接受的，则加之。

（4）假定系统不能改变，但可用环境资源作为内部或外部添加物是可接受的，则加之。

（5）假定系统不能改变，但可以改变系统以外的环境，则改变之。

（6）微小量的精确控制是困难的，可通过增加一个附加物，并在之后除去来控制微小量。

（7）一个系统的场强度不够，增加场强度又会损坏系统，可将强度足够大的一个场施加到另一元件上，把该元件再连接到原系统上。同理，一种物质不能很好地发挥作用，则可连接到另一物质上发挥作用。

（8）同时需要大的（强的）和小的（弱的）效应时，需小效应的位置可由物质S3来保护。

（9）在一个系统中有用及有害效应同时存在，S1及S2不必互相接触，引入物质S3来消除有害效应。

（10）与（9）类似，但不允许增加新物质。通过改变S1或S2来消除有害效应。该类解包括增加"虚无物质"，如空位、真空或空气、气泡等，或加一种场。

（11）有害效应是一种场引起的，则引入物质S3来消除有害效应。

（12）在一个系统中，有用、有害效应同时存在，但S1及S2必须处于接触状态，则增加场F2使之抵消F1的影响，或者得到一个附加的有用效应。

（13）在一个系统中，由于一个要素存在磁性而产生有害效应。将该要素加热到居里点以上，磁性将不存在，或者引入相反的磁场来消除原磁场。

第二类标准解：改变系统

（14）串联的物质–场模型：将S2及F1施加到S3；再将S3及F2施加到S1。两串联模型独立可控。

（15）并联的物质–场模型：一个可控性很差的系统已存在部分不能改变，则可并联第二个场。

（16）对可控性差的场，用易控场来代替，或增加易控场。由重力场变为机械场或由机械场变为电磁场。其核心是由物理接触变为场的作用。

（17）将S2由宏观变为微观。

（18）改变S2成为允许气体或液体通过的多孔材料或具有毛细孔的材料。

（19）使系统更具柔性或适应性，通常方式是由刚性变为一个铰接，或成为连续柔性系统。

（20）驻波被用于液体或粒子定位。

（21）将单一物质或不可控物质变成确定空间结构的非单一物质，这种变化可以是永久的或临时的。

（22）使F与S1或S2的自然频率匹配或不匹配。

（23）与F1或F2的固有频率匹配。

（24）两个不相容或独立的动作可相继完成。

（25）在一个系统中增加铁磁材料和（或）磁场。

（26）将（16）与（25）结合，利用铁磁材料与磁场。

（27）利用磁流体，这是（26）的一个特例。

（28）利用含有磁粒子或液体的毛细结构。

（29）利用附加场，如涂层，使非磁场体永久或临时具有磁性。

（30）假如一个物体不具有磁性，将铁磁物质引入环境中。

（31）利用自然现象，如物体按场排列，或在居里点以上使物体失去磁性。

（32）利用动态，可变成自调整的磁场。

（33）加铁磁粒子改变材料结构，施加磁场移动粒子，使非结构化系统变为结构化系统，反之亦然。

（34）与F场的自然频率相匹配。对于宏观系统，采用机械振动增加铁磁粒子的运动。在分子及原子水平上，材料的复合成分可通过改变磁场频率的方法用电子谐振频谱确定。

（35）用电流产生磁场并代替磁粒子。

（36）电流变流体具有被电磁场控制的黏度，利用此性质及其他方法一起使用，如电流变流体轴承等。

第三类标准解：传递系统

（37）系统传递1：产生双系统或多系统。

（38）改进双系统或多系统中的连接。

（39）系统传递2：在系统之间增加新功能。

（40）双系统及多系统的简化。

（41）系统传递3：利用整体与部分之间的相反特性。

（42）系统传递4：传递到微观水平来控制。

第四类标准解：检测系统

（43）替代系统中的检测与测量，使之不再需要。

（44）若（43）不可能，则测量一复制品或肖像。

（45）如（43）及（44）不可能，则利用两个检测量代替一个连续测量。

（46）假如一个不完整物-场系统不能被检测，则增加单一或两个物-场系统，且一个场作为输出。假如已存在的场是无效的，在不影响原系统的条件下，改变或加强该场，使之具有容易检测的参数。

（47）测量引入的附加物。

（48）假如在系统中不能增加附加物，则在环境中增加并对系统产生一个场，检测此场对系统的影响。

（49）假如附加场不能被引入环境中，则分解或改变环境中已存在的物质，并测量产生的效应。

（50）利用自然现象。如利用系统中出现的已知科学效应，通过观察效应的变化，决定系统的状态。

（51）假如系统不能直接或通过场测量，则测量系统或要素激发的固有频率来确定系统变化。

（52）假如实现（51）不可能，则测量与已知特性相联系的物体的固有频率。

（53）增加或利用铁磁物质或磁场以便测量。

（54）增加磁场粒子或改变一种物质成为铁磁粒子以便测量，测量所导致的磁场变化即可。

（55）假如（54）不可能建立一个复合系统，则添加铁磁粒子到系统中。

（56）假如系统中不允许增加铁磁物质，则将其加到环境中。

（57）测量与磁性有关现象，如居里点、磁滞等。

（58）若单系统精度不够，可用双系统或多系统。

（59）代替直接测量，可测量时间或空间的一阶或二阶导数。

第五类标准解：简化改进系统

（60）间接方法：

①使用无成本资源，如空气、真空、气泡、泡沫、缝隙等；

②利用场代替物质；

③用外部附加物代替内部附加物；

④利用少量但非常活化的附加物；

⑤将附加物集中到特定位置上；

⑥暂时引入附加物；

⑦假如原系统中不允许附加物，可在其复制品中增加附加物，这包括仿真器的使用；

⑧引入化合物，当它们起反应时产生所需要的化合物，而直接引入这些化合物是有害的；

⑨通过对环境或物体本身的分解获得所需的附加物。

（61）将要素分为更小的单元。

（62）附加物用完后自动消除。

（63）假如环境不允许大量使用某种材料，则使用对环境无影响的东西。

（64）使用一种场来产生另一种场。

（65）利用环境中已存在的场。

（66）使用属于场资源的物质。

（67）状态传递1：替代状态。

（68）状态传递2：双态。

（69）状态传递3：利用转换中的伴随现象。

（70）状态传递4：传递到双态。

（71）利用元件或物质间的作用使其更有效。

（72）自控制传递。假如一物体必须具有不同的状态，应使其自身从一种状态传递到另一种状态。

（73）当输入场较弱时，加强输出场，通常在接近状态转换点处实现。

（74）通过分解获得物质粒子。

（75）通过结合获得物质。

（76）假如高等结构物质需分解但又不能分解，可用次高一级的物质状态替代；反之，如低等结构物质不能应用，则用高一级的物质代替。

知识链接4-5：功能与科学效应及现象对应表

表4.2　功能与科学效应及现象对应表

功能代码	实现的功能	TRIZ推荐的科学效应和现象	科学效应和现象序号
F1	测量温度	热膨胀	E75
		热双金属片	E76
		珀耳帖效应	E67
		汤姆逊效应	E80
		热电现象	E71
		热电子发射	E72
		热辐射	E73
		电阻	E33
		热敏性物质	E74
		热磁效应（居里点）	E60

续表

功能代码	实现的功能	TRIZ 推荐的科学效应和现象		科学效应和现象序号
F1	测量温度	巴克豪森效应		E3
		霍普金森效应		E55
F2	降低温度	一级相变		E94
		二级相变		E36
		焦耳–汤姆逊效应		E58
		珀耳帖效应		E67
		汤姆逊效应		E80
		热电现象		E71
		热电子发射		E72
F3	提高温度	电磁感应		E24
		电介质		E26
		焦耳–楞次定律		E57
		放电		E42
		电弧		E25
		吸收		E84
		发射聚焦		E39
		热辐射		E73
		珀耳帖效应		E67
		热电子发射		En
		汤姆逊效应		E80
		热电现象		E71
F4	稳定温度	一级相变		E94
		二级相变		E36
		居里效应		E60
F5	探测物体的位移和运动	引入易探测的标识	标记物	E6
			发光	E37
			发光体	E38
			磁性材料	E16
			永久磁铁	E95

续表

功能代码	实现的功能	TRIZ推荐的科学效应和现象		科学效应和现象序号
F5	探测物体的位移和运动	反射和发射线	反射	E41
			发光体	E38
			感光材料	E45
			光谱	E50
			放射现象	E43
		形变	弹性变形	E85
			塑性变形	E78
		改变电场和磁场	电场	E22
			磁场	E13
		放电	电晕放电	E31
			电弧	E25
			火花放电	E53
F6	控制物体位移	磁力		E15
		电子力	安培力	E2
			洛伦兹力	E64
		压强	液体或气体的压力	E91
			液体或气体的压强	E93
		浮力		E44
		液体动力		E92
		振动		E98
		惯性力		E49
		热膨胀		E75
		热双金属片		E76
F7	控制液体及气体的运动	毛细现象		E65
		渗透		E77
		电泳现象		E30
		汤姆逊效应		E79
		伯努利定律		El0
		惯性力		E49
		韦森堡效应		E81

续表

功能代码	实现的功能	TRIZ 推荐的科学效应和现象	科学效应和现象序号
F8	控制浮质（气体中的悬浮微粒，如烟、雾等）的流动	起电	E68
		电场	E22
		磁场	E13
F9	搅拌混合物，形成溶液	弹性波	E19
		共振	E47
		驻波	E99
		振动	E98
		气穴现象	E69
		扩散	E62
		电场	E22
		磁场	E13
		电泳现象	E30
F10	分解混合物	电场	E22
		磁场	E13
		磁性液体	E17
		惯性力	E49
		吸附作用	E83
		扩散	E62
		渗透	E77
		电泳现象	E30
F11	稳定物体位置	电场	E22
		磁场	E13
		磁性液体	E17
F12	产生／控制力，形成高的压力	磁力	E15
		一级相变	E94
		二级相变	E36
		热膨胀	E75
		惯性力	E49
		磁性液体	E17
		爆炸	E5
		电液压冲压，电水压震扰	E29
		渗透	E77

续表

功能代码	实现的功能	TRIZ推荐的科学效应和现象		科学效应和现象序号
F13	控制摩擦力	约翰逊-拉别克效应		E96
		振动		E98
		低摩阻		E21
		金属覆层滑润剂		E59
F14	解体物体	放电	火花放电	E53
			电晕放电	E31
			电弧	E25
		电液压冲压，电水压震扰		E29
		弹性波		E19
		共振		E47
		驻波		E99
		振动		E98
		气穴现象		E69
F15	积蓄机械能与热能	弹性变形		E85
		惯性力		E49
		一级相变		E94
		二级相变		E36
F16	传递能量	对于机械能	形变	E85
			弹性波	E19
			共振	E47
			驻波	E99
			振动	E98
			爆炸	E5
			电液压冲压，电水压震扰	E29
		对于热能	热电子发射	E72
			对流	E34
			热传导	E70
		对于辐射	反射	E41
		对于电能	电磁感应	E24
			超导性	E12

续表

功能代码	实现的功能	TRIZ推荐的科学效应和现象			科学效应和现象序号
F17	建立移动物体和固定物体之间的交互作用	电磁场			E23
		电磁感应			E24
F18	测量物体的尺寸	标记		起电	E68
				发光	E37
				发光体	E38
		磁性材料			E16
		永久磁铁			E95
		共振			E47
F19	改变物体尺寸	热膨胀			E75
		形状记忆合金			E87
		形变			E85
		压电效应			E89
		磁弹性			E14
		压磁效应			E88
F20	检查表面状态和性质	放电		电晕放电	E31
				电弧	E25
				火花放电	E53
		反射			E41
		发光体			E38
		感光材料			E45
		光谱			E50
		放射现象			E43
F21	改变表面性质	摩擦力			E66
		吸附作用			E83
		扩散			E62
		包辛格效应			E4
		放电		电晕放电	E31
				电弧	E25
				火花放电	E53
		弹性波			E19

续表

功能代码	实现的功能	TRIZ推荐的科学效应和现象		科学效应和现象序号
F21	改变表面性质	共振		E47
		驻波		E99
		振动		E98
		光谱		E50
F22	检查物体容量的状态和特征	引人容易探测的标志	标记物	E6
			发光	E37
			发光体	E38
			磁性材料	E16
			永久磁铁	E95
		测量电阻值	电阻	E33
		反射和放射线	反射	E41
			折射	E97
			发光体	E38
			感光	
			X射线	
		电-磁-光现象	电-光和磁-光现象	E27
			固体发光	E48
			热磁效应（居里点）	E60
			巴克豪森效应	E3
			霍普金森效应	E55
			共振	E47
			霍尔效应	E54
F23	改变物体空间性质	磁性液体		E17
		磁性材料		E16
		永久磁铁		E95
		冷却		E63
		加热		E56
		一级相变		E94
		二级相变		E36

续表

功能代码	实现的功能	TRIZ推荐的科学效应和现象			科学效应和现象序号
F23	改变物体空间性质	电离			E28
		光谱			E50
		放射现象			E43
		X射线			El
		形变			E85
		扩散			E62
		电场			E22
		磁场			E13
		珀耳帖效应			E67
		热电现象			E71
		包辛格效应			E4
		汤姆逊效应			E80
		热电子发射			E72
		热磁效应（居里点）			E60
		固体发光			E48
		电–光和磁–光现象			E27
		气穴现象			E69
		光生伏打效应			E51
F24	形成要求的结构，稳定物体结构	弹性波			E19
		共振			E47
		驻波			E99
		振动			E98
		磁场			E13
		一级相变			E94
		二级相变			E36
		气穴现象			E69
F25	探视电场和磁场	渗透			E77
		带电放电	电晕放电		E31
			电弧		E25
			火花放电		E53
		压电效应			E89

续表

功能代码	实现的功能	TRIZ推荐的科学效应和现象		科学效应和现象序号
F25	探视电场和磁场	磁弹性		E14
		压磁效应		E88
		驻极体, 电介体		E100
		固体发光		E48
		电-光和磁-光现象		E27
		巴克豪森效应		E3
		霍普金森效应		E55
		霍尔效应		E54
F26	探测辐射	热膨胀		E75
		热双金属片		E76
		发光体		E38
		感光材料		E45
		光谱		E50
		放射现象		E43
		反射		E41
		光生伏打效应		E51
F27	产生辐射	放电	电晕放电	E31
			电弧	E25
			火花放电	E53
		发光		E37
		发光体		E38
		固体发光		E48
		电-光和磁-光现象		E27
		耿氏效应		E46
F28	控制电磁场	电阻		E33
		磁性材料		E16
		反射		E41
		形状		E86
		表面		E7
		表面粗糙度		E8

续表

功能代码	实现的功能	TRIZ推荐的科学效应和现象	科学效应和现象序号
F29	控制光	反射	E41
		折射	E97
		吸收	E84
		发射聚焦	E39
		固体发光	E48
		电-光和磁-光现象	E27
		法拉第效应	E40
		克尔现象	E61
		耿氏效应	E46
F30	产生及加强化学变化	弹性波	E19
		共振	E47
		驻波	E99
		振动	E98
		气穴现象	E69
		光谱	E50
		放射现象	E43
		X射线	El
		放电	E42
		电晕放电	E31
		电弧	E25
		火花放电	E53
		爆炸	E5
		电液压冲压，电水压震扰	E29

延伸阅读4-1：TRIZ理论在中国的发展

在我国学术界，一些研究专利的科技工作者和学者在20世纪80年代中期就已初步接触TRIZ，并对其做了一定的资料翻译和跟踪。

在20世纪90年代中后期，国内部分高校开始研究TRIZ，并在本科生、研究生课程中介绍TRIZ，在一定范围内开展了持续的研究和应用工作。

进入21世纪，TRIZ开始从学术界走向企业界。国内企业，特别是一些国有大型企业也开始积极行动起来，利用TRIZ培训员工，解决项目中的难题。这一阶段以2000年欧协会（ETRIA）的成立，以及2004年TRIZ国际认证引入中国为标志。

2008年4月，科技部、发展改革委、教育部、中国科协联合发布了《关于加强创新方法工作的若干意见》，明确了创新方法工作的指导思想、工作思路、重点任务及其保障措施等，并特别提出"大力推进技术创新方法应用，切实增强企业创新能力"。具体而言，要针对建立以企业为主体的技术创新体系的重大需求，推进TRIZ等国际先进技术创新方法与中国本土需求相融合；推广技术成熟度预测、技术进化模式与路线、冲突解决原理、效应及标准解等TRIZ中成熟方法在企业的应用；加强技术创新方法知识库建设，研究开发出适应中国企业技术创新发展的理论体系、软件工具和平台；积极推动TRIZ中成熟方法的培训，构建创新型企业文化，培养创新工程师，增强企业创新能力。

全国已分批在几乎所有省（自治区、直辖市）开展了以TRIZ理论体系为主的创新方法的推广应用工作。

延伸阅读4-2：阿奇舒勒与TRIZ理论

1946年，年仅20岁的阿奇舒勒成为苏联里海舰队的一名专利审查员，从此，他有机会接触并对大量的专利进行分析研究。在研究中阿奇舒勒发现，发明是有一定规律的，掌握了这种规律有助于做出更多、更高级别的发明。阿奇舒勒花费了将近50年的时间，揭示出隐藏在专利背后的规律，构建了TRIZ的理论基础，创立并完善了TRIZ理论。

1956年，阿奇舒勒和沙佩罗合著的《发明创造心理学》发表，首次公布ARIZ（发明问题解决算法），提出了"发明是从对问题的分析以找出矛盾而产生的"观点。而当时发明的主流观点为：发明是偶然顿悟的，来源于突然产生的思想火花。

1969年，阿奇舒勒出版《发明大全》，为读者提供了创新原理——第一套解决复杂问题的完整法则，从而奠定了TRIZ的地位。

1966—1970年，阿奇舒勒相继提出了39个工程参数和矛盾矩阵、分离原理、效应原理。

1973年，阿奇舒勒分析归纳了39个工程参数，辨别出超过1 250种技术矛盾，并归纳出40个发明原理，创建了矛盾矩阵表。

1975年，阿奇舒勒发布了发明问题求解标准。

1979年，阿奇舒勒发表《创造是一门精密的科学》，论述了物-场模型和76个标准解。

1985年，阿奇舒勒完成了发明问题解决算法ARIZ-85。

1946—1985年，TRIZ理论法则、原理和工具基本形成，这个时期被称为经典TRIZ理论。

在阿奇舒勒看来，人们在解决发明问题的过程中，所遵循的科学原理和技术进化法则是一种客观存在。大量发明所面临的基本问题是相同的，其所需解决的矛盾（在TRIZ中称为技术矛盾和物理矛盾）从本质上说也是相同的。同样的技术创新原理和相应的解决问题的方案，会在后来的一次次发明中被反复应用，只是被使用的技术领域不同而已。因此，将那些已有的知识进行整理和重组，形成一套系统化的理论，就可以用来指导后来者的发明和创造。正是基于这一思想，阿奇舒勒与苏联的科学家们一起，对数以百万计的专利文献和自然科学知识进行研究、整理和归纳，最终建立起一整套系统化的、实用的、解决发明问题的理论和方法体系。

延伸阅读4-3：TRIZ理论发展史

冷战期间，TRIZ理论的内容并不为西方国家所掌握。直至苏联解体后，在20世纪90年代中期，随着部分TRIZ研究人员移居欧、美等西方国家，TRIZ理论才系统地传到了西方并引起学术界和企业界的高度关注。特别是TRIZ理论传入美国后，在密歇根州等地成立了TRIZ研究咨询机构，继续对TRIZ理论进行深入研究，TRIZ理论得到了更加广泛的应用和发展。

总体来说，TRIZ理论的产生与发展大致经历了以下四个阶段：

第一阶段（1946—1956年），TRIZ理论的创立与完善。这个时期主要是创立与完善TRIZ理论体系，并有少量的实践应用。形成的主要理论有40个发明原理、发明问题解决算法（ARIZ）、最终理想解、科学效应库、物−场模型、标准解和进化法则等。此阶段以阿奇舒勒1956年发表关于TRIZ理论的第一篇论文和ARIZ（发明问题解决算法）的提出为标志。

第二阶段（1957—1985年），TRIZ理论在苏联国内推广。苏联在20世纪就大力号召培养国民创新能力和素质，并将其列入宪法。20世纪60年代，各种形式的发明创造学校和组织蓬勃兴起，据不完全统计，有100多所院校开设有TRIZ理论课程。20世纪80年代中期前，该理论对其他国家保密。此阶段以1961年出版第一本有关TRIZ理论的著作《怎样学会发明创造》为标志。

第三阶段（1986—1999年），TRIZ理论在全世界范围内传播。苏联解体后，大量的科学家移民到美国、欧洲、亚洲，创办了一系列的公司（如美国发明机器公司），开发基于TRIZ理论的软件系统，并为其他公司提供咨询服务，逐渐把这一理论介绍给世界产品开发领域，并对该领域产生重要影响。此时，苏联以外的工程师们才开始接触这个理论，少量的公司开始引入TRIZ理论，如宝洁公司和三星公司。此阶段以1989年阿奇舒勒集合世界上数十位 TRIZ 理论专家，在彼得罗扎沃茨克建立了国际 TRIZ 协会，以及 1999 年美国阿奇舒勒研究院成立这两个事件为标志。

第四阶段（2000 年至今），TRIZ 理论在全球范围内推广。TRIZ 理论不断完善，并应用到非技术领域，世界上许多知名的大公司开始引入 TRIZ 理论以解决关键技术问题。比如，美国波音公司利用 TRIZ 理论解决了波音飞机空中加油的关键技术问题，从而战胜了法国空中客车公司，赢得了几亿美元的订单。德国几乎所有名列世界 500 强的大企业都采用了 TRIZ 理论，如西门子、奔驰、宝马等公司都有专门的机构及人员负责该理论的培训和应用。日本索尼公司每年都要推出数种新产品，其动力来源于创新战略和创新理论方法的研究应用。韩国三星电子公司也专门成立了协会，在产品技术研发部门实施技术创新理论培训，并已成为在中国申请专利最多的外国企业。

延伸阅读 4-4：TRIZ 鼻祖阿奇舒勒的传奇人生

"你是想用 100 年思考还是想用 15 分钟顿悟？"这就是创新发明理论 TRIZ 创始人阿奇舒勒的经典语录。想知道 TRIZ 理论为什么这么牛，先来看看创始人阿奇舒勒的传奇一生吧。

阿奇舒勒小时候常常由担任图书馆管理员的姑姑照顾，所以他的童年几乎都在图书馆度过，他也养成了爱阅读的习惯。15 岁时他就获得了首个专利证书，专利作品是水下呼吸器。同年，他建造了一艘船，船上装有使用碳化物作燃料的喷气发动机。

阿奇舒勒因多项发明被列为军事机密，后来被安排到海军专利局工作。在当时，阿奇舒勒已经意识到发明不过是利用一些原则将技术矛盾消除罢了。如果发明者了解并运用这些原理，发明自然水到渠成。

因此，阿奇舒勒的 TRIZ 理论建立的主要假设是：技术系统是按照一定的客观规律发展的，可以揭示这些规律并将其运用于 ARIZ（发明问题解决算法）理论的创立中。

第二次世界大战结束后的 1948 年，苏联政府协议要把缴获的德国专利书库捐给美国，并从美国换回金属开采设备、印刷术等其他设备。阿奇舒勒马上给当时最高领导人斯大林写了一封信。他毫不客气地抨击了此事，指出当时的苏联对发明创造缺乏创新精神的混乱状态。在信的最后，他还顺带推销了 TRIZ 理论，声称这种理论可以帮助人们进行发明，并将引起一场技术革命。

很快，他被逮捕了。指控理由是利用发明技术进行阴谋破坏，被判刑 25 年，发配到西伯利亚劳改。在莫斯科监狱，阿奇舒勒因拒绝签署认罪书而被列为"连轴审讯"对象。他被整夜审讯，白天也不允许他睡觉，被允许的最大休息是在椅子上眯着眼。即便如此，他还用 TRIZ 矛盾理论来思考，怎么才能同时既睡又不睡呢？阿奇舒勒想到了用"眼膜"的办法。他从烟盒上撕下两片纸，用烧过的火柴头在每片纸上画一个黑眼珠。他的同囚室友将两片"纸眼珠"蘸上口水粘在他闭着的眼睛上。然后他就坐着，冲着牢房门的窥视孔安然入睡。这样他天天都能睡觉，以至于审讯者都很奇怪，为什么每天夜里审讯时他还那么精神。后来，阿奇舒勒被转到西伯利亚的古拉格劳动，他每天要工作12小时。想到这样繁重的劳动难以支撑下去，他向自己提问："哪种情况更好些？是继续工作，还是拒绝工作被监禁起来？"他选择监禁而被转到监狱与罪犯关在一起。在狱里，他变成故事大王，给囚犯们讲述很多熟记于心的科幻故事，这些囚犯们因此也对他非常友好。

后来，他被转到另一个集中营，这里关押着很多高级知识分子（科学家、律师、建筑设计师等），他们都在郁郁等死。为了使这些人燃起生之希望，阿奇舒勒开创了他的"一个学生的大学"生涯。他每天抽12～14小时，到每个重新激起生活热情的教授那里去听课，这样他获得了他的"大学教育"。

在另一个古拉格集中营瓦库塔煤矿，他每天利用12～14小时开发TRIZ理论，并不断地为煤矿发生的紧急技术问题出谋献策。没有人相信这个第一次在煤矿工作的年轻人，并认为他在骗人，但后来TRIZ理论和方法真的帮助矿工解决了实际问题。

斯大林去世后的一年半，阿奇舒勒被释放了。1956年，阿奇舒勒和沙佩罗合写的文章《发明创造心连心》在《心理学问题》杂志上发表了。对于研究创造性心理过程的科学家来说，这篇文章无疑像一枚重磅炸弹。直到那时，苏联和其他国家的心理学家都还认为，发明是由偶然顿悟产生的——来源于突然产生的思想火花。

阿奇舒勒在研究了大量的专利后，依赖人类发明活动的结果，提出了不同的发明办法，即发明是从对问题的分析以找出矛盾而产生的。在研究了20万项专利后，阿奇舒勒得出结论，有1 500对技术矛盾可以通过运用基本原理相对容易地解决。

如果阿奇舒勒的反对者们知道阿尔托夫（阿奇舒勒的笔名）所写的奇妙的科幻小说足够支持他的生活费用，而这些小说都是利用TRIZ原理写出来的，他们还能说什么呢？阿奇舒勒就是利用自己的创造性思想来写这些小说的。1961年，阿奇舒勒出版了他的第一本书《如何学会发明》，在书里他嘲笑人们普遍接受的看法，即只有天生的发明家。他还批判了用错误尝试法去进行发明。

1959年，为了使TRIZ理论得到认可，阿奇舒勒向苏联最高专利机构VOIR（苏联发明创造者联合会）写了一封信，要求得到一个证明TRIZ理论的机会。在写了上百封信的9年后，他终于收到了回信，要求他在1968年12月之前到格鲁吉亚的津塔里举行一个关于发明方法的研讨会。这是TRIZ理论的第一个研讨会，也是他第一次遇到自认为是他的学生的人。一些年轻的工程师（以后还有很多其他的人）在各自的城市开创了TRIZ理论学校，成百上千在TRIZ理论学校接受过培训的人，邀请他去苏联不同的城市举办研讨会和TRIZ理论学习班。

1969年，阿奇舒勒出版了新作《发明大全》。在书中，他为读者总结了40个创新原则——第一套解决复杂发明问题的完整法则。

苏联TRIZ协会于1989年成立，阿奇舒勒出任主席。1998年9月24日，阿奇舒勒逝世于彼得罗扎沃茨克，享年72岁。

二、案例研究

创新案例4-1：物-场模型示例

例1：用洗衣机洗衣服

S1—衣服，S2—洗衣机，F1—清洗（机械场）。用洗衣机洗衣服的物-场模型如图4.1所示。

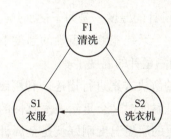

图4.1　洗衣机洗衣服的物-场模型

例2：奔驰的列车

S1—列车，S2—铁轨，F1—支撑（机械场）。奔驰的列车的物-场模型如图4.2所示。

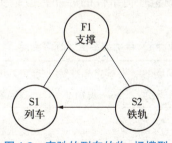

图4.2　奔驰的列车的物-场模型

综合案例4-1：如何精准地测量金属针的温度

为了提高金属针的硬度，通常采用淬火方式，即将针加热到一定温度，然后突然放到冷却油中，迅速降温，从而提高其硬度，但处理后的硬度很大程度上取决于对针的淬火温度的精确控制。因为针的质量很小并且表面积相对较大，测量起来非常困难，所以如何精确地测量针的温度是一个不小的挑战，运用TRIZ中成熟的方法可以解决这个问题：

1.描述待解决的关键问题。如何精确测量针的温度是本例的关键。

2.列出与工程问题相关的物质和场。本例中的物质有针、冷却油、测温装置以及加热装置。场有加热装置、加热针的热场以及冷却液、冷却针的热场。

3.挑选组件，创建工程问题的物-场模型与本例问题相关的物质是测温装置和针，场则是加热针的热场。

4.根据物-场模型的类别找到相应的标准解的类别，这是一个与测量相关的问题，所适用的标准解类别为第四类，"测量和检测的标准解"，可以尝试用本类的标准解来解决。

5.确定可解决工程问题的标准解。本类标准解中一共有17个标准解，其中第一个标准解为"尝试不去检测或者测量"，即改变工程系统，使其不再需要检测或者测量。

6.利用步骤5中标准解的推荐方案，建立解决方案的物-场模型。对于前述的标准解，无对应的物-场模型。测量针的温度，是为了使加热过程向冷却过程达到一定的淬火温度时准确转换，如果有一个系统能够在正确的温度下实现加热过程到冷却过程的转换，那么，就没有必要精确测量针的温度了。

7.对步骤6中物-场模型的解决方案进行描述。利用磁性物质在达到居里温度时会突然失去磁性，温度低于居里温度时又会重新恢复磁性的特性，可以在工程系统中引入一个磁块，而这个磁性物质的居里温度刚好就是金属针需要淬火（突然冷却）的温度。在磁性物质的下面，就是一个盛有冷却油的容器。温度较低时，受磁力作用，金属针被吸附到磁性物质的表面。加热磁性组件，一旦达到需要的温度（即居里温度），磁性组件就会失去磁性，金属针就会立即自动掉入液体中被冷却。

在整个过程中，不需要测量任何组件的温度，但是实现了在特定温度下淬火，针也变得更硬了。

表4.3 解决精确测量金属针温度问题的模板

关键问题	物质和场	问题的物-场模型	确定标准解类别	确定具体的标准解	解决方案的物-场模型	解决方案
精确测量针的温度	物质：针，冷却油，测温装置，加热装置 场：热场	不适用	第四类	改变工程系统，使其不再需要检测或者测量	不适用	引入磁性物质，其居里温度与金属针需要淬火的温度相同

资料来源：孙永伟，谢尔盖·伊克万科. TRIZ：打开创新之门的金钥匙Ⅰ［M］. 北京：科学出版社，2015.

三、创新训练

创新训练4-1：测试合金对酸液抗腐蚀能力（问题最终解）

测试合金对酸液抗腐蚀能力时，盛酸液的容器内壁很容易被腐蚀而碎裂（图4.3）。

图4.3　盛酸液容器

请根据下列步骤回答问题：

1. 设计的最终目的是什么？
2. 最理想的结果是什么？
3. 达到理想结果的障碍是什么？
4. 出现这些障碍可能产生什么后果？
5. 防止出现这些障碍的条件是什么？
6. 创造这些条件存在的可用资源是什么？

创新训练4-2：应用金鱼法解决不可能问题

训练步骤：

1. 请选择某个非常想解决的问题。
2. 将问题分为现实和幻想两部分，精确界定什么样的想法是现实的，什么样的想法看起来是不现实的（幻想的）。
3. 解释为什么幻想部分是不现实的。尽力为此进行严密而准确的解释，否则最后又得到一个不现实的想法。
4. 找出在什么情况下，幻想部分可以变为现实。
5. 列出子系统、系统、超系统中可利用的资源。

6.从可利用资源出发，提出可能的构想方案。

7.针对不现实部分再次回到第2步，即分解为现实与非现实两部分，直到得出可行的解决方案。

创新训练4-3：应用发明原理解决问题

参阅《40个发明原理》和《矛盾矩阵表》，讨论下列三个例子各运用的发明原理：

1.船可在水上行驶，车可在陆地上行驶，既能在水上又能在陆地上行驶，船与车都不同时具备这样的功能。而"水陆两用车"则同时具备车与船的特性，既可在陆地上行驶，又可在水中行驶，不受路况的影响，是一种卓越的交通工具（图4.4）。请问运用的是什么发明原理？

图4.4　水陆两用车

2.如果汽车在碰撞时，安全带可以保护驾驶员和乘坐者，但安全带对侧面碰撞不起作用。汽车安全气囊将安全气囊预先安装在车厢内部的多处位置。当车辆遭受较剧烈的撞击时，它会在瞬间充气膨胀以保护车内的所有人（图4.5）。请问运用的是什么发明原理？

图4.5　汽车安全气囊

3.立体停车场充分利用空间，在有限的空间内可存放更多的车辆。立体停车场安装了一套机械式自动升降的停车设备，分若干排，最高可以建造25层。司机把车辆停放在钢板上，机器自动将车辆升至适当的层面，再将车辆和钢板移到层面处。存一辆车的时间一般不会超过两分钟。取车时，车主只要将停车卡交给工作人员，工作人员在设备上按车的卡位，再按启动，车就自动降到地面（图4.6）。请问运用的是什么发明原理？

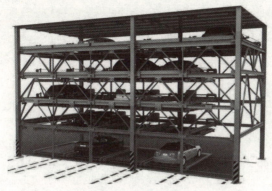

图4.6　立体停车场

创业篇

第5章 创业、创业者与创业精神

一、知识拓展

知识链接5-1：关于创业的理解误区

误区1：创业就是创办企业，创业者就是企业家，创业教育就是培养企业家。这是一种较为普遍的错误认识，创业教育实际上是培养学生创业方面的素质，比如创新精神、资源整合能力、学习能力等。因此，创业不是指简单地创办企业，更多的是指成就事业、实现理想、体现自我价值。

误区2：创业者必须具备创业特质。比如成功创业者的个性、素质等特质。遗憾的是，这些素质和特质还没有得到实证，只是基于某些成功创业者的个案和调查得到。但反过来却行不通，比如几乎所有的成功创业者都具备创新意识，但具备创新意识的人创业却不一定会成功。其实我们很难界定具备哪些特质的创业者才能获得成功，因为每个成功的创业者都是在特定的环境和条件下取得成功的，具有不可复制性。

误区3：对于创业者而言，大学学习并不重要。现实中，确实有很多辍学，甚至没有上过学的创业者，比尔·盖茨就是。但这类创业者只占成功者的少数，而事实上，学校的学习对创业成功与否关系极大。学校的学习不但能传授知识，而且还能开阔视野，结交到志同道合的创业伙伴。

误区4：创业者都具有冒险精神。创业过程充满风险，确实很多创业成功者都爱冒险，但事实上，很多的冒险行为是在经过评估之后的行为，也可以说是适度风险。成功的创业者能通过详细的筹备或制订详细的计划来降低风险。

误区5：大多数创业行为都会遭遇失败。大多数创业者在成功前都会经历很多次的挫折与失败，但他们能通过这些挫折和失败吸取经验与教训，为下一次的创业努力打下良好的基础。按照库拉特科的说法，"每次的创业都会孕育意想不到的机会"，每一次的创业尝试都存在成功的可能。近年来创业失败的统计数据一直被误解。根据希基霍夫1993年的研究，他跟踪了814 000家创办于1977年的企业，发现其中有50%以上的企业仍然在运营，28%的企业自愿关闭，只有18%的企业因背负巨额债务而失败。

知识链接5-2：一个好的创业机会的特征

参考迪蒙斯、傅家骥、李时椿等对好的创业机会的界定，可知一个好的创业机会具备以下五个基本特征：
（1）能强烈吸引顾客，即有很好的市场需求。
（2）在现行的商业环境中行得通，即有很好的环境适应性。
（3）实施时机恰到好处，即在机会窗开启之时推出。
（4）具备必要的创业资源（包括人、财、物、信息等）。
（5）可期待的投资回报，即投资回报率好。

延伸阅读5-1：创业内涵的理解

表5.1 国外创业经典定义

视角与聚焦	作者（年份）	定义
机会识别能力	Knight（1921）	成功地预测未来的能力
创建新组织与开展新业务	Schumpeter（1934）	进行新的结合
	Cole（1968）	发起、维持和开展以利润为导向的有目的的业务活动
	Vesper（1983）	开展独立的新业务
	Gartner（1985）	建立新组织

资料来源：郭军盈. 中国农民创业问题研究 ［D］. 南京：南京农业大学，2006.

表5.2 国内外创业定义中包含的关键词

对创业定义中的不同诠释	频次	对创业定义中的不同诠释	频次
开始、创建、创造	41	价值创造	13
新事物、新事业	40	追求成长	12
创新、新产品、新市场	39	活动过程	12
追逐机会	31	已有企业	12

续表

对创业定义中的不同诠释	频次	对创业定义中的不同诠释	频次
风险承担及管理、不确定性	25	首创活动、超前认知与行动	12
追逐利润、个人获利	25	创造变革	9
资源或者新生产方式组合	22	所有权	9
管理	22	责任、权威之源	8
统率资源	18	战略形成	6

资料来源：张玉利. 创业管理［M］. 北京：机械工业出版社，2008.

延伸阅读5-2：扎克伯格谈为何创业

2017年Facebook创始人扎克伯格在清华经管课堂上与同学们分享了三个小故事，并以此说明"为什么创立"企业。以下记录是扎克伯格演讲实录：

我分享的第一个故事是关于相信你的使命，做你觉得重要的事情。2004年，我创立了Facebook。那时，互联网上已有很多网站，你几乎可以找到所有需要的东西：新闻、音乐、书、电影、购物，可是没有一种服务能帮我们找到生活中最重要的东西——人。我创立Facebook并不是要创立一个公司，而是想要解决一个非常重要的问题——把人们连接在一起。这就是我的使命，当你有使命时，你会更专注。

我分享的第二个故事是关于"用心"。有了使命，你根本不在乎有没有完整的计划，往前走吧，只要你用心。我从未想过会建立链接这个世界的产品。我们只是大学生，甚至没有计划，也没有资源。但最终我们创造了世界上最大的互联网社区，这是怎么做到的？

在创业路上的每一步，都会有人说你的新想法不会成功。我们直面过很多问题，也修改过很多次。我们当时做出来的只是一个小小的产品，是为美国学生服务的。创业初期，有人说："Facebook只是做给学生用的，它永远不会成为主流。"对此，我们嗤之以鼻，继续把Facebook开放给所有人使用。后来又有人说："社交媒体永远不会赚钱。"我们依然我行我素，继续强大业务。再后来又有人说："人们不会在手机上用Facebook。"我们还是不信，继续钻研业务，直至成立了以移动为中心的公司。

我分享的第三个故事是关于向前看。10年前，我们的目标是连接10亿人。因为以前没有互联网企业做过这方面的产品，所以我们觉得这是一个很大的目标。当达成这个目标时，我们开始理解10亿只是一个数字，我们真正的目标是连接这个世界上的每一个人。这就比较困难了。世界上差不多有2/3的人没有互联网。把他们连接起来，势必扩大整个互联网。要达成这一宏伟目标，我们需要创造新的技术，像卫星和飞机，把它们连接起来。超过10亿人没钱上互联网，所以我们必须让互联网更便宜。大约20亿人没用过电脑或互联网，所以我们需要创造新的方案，帮助他们连接起来。每前进一步，你都可以做出新的产品。以前你觉得不可能的，现在变得可能。在你开始做（创业）之前，不要着眼于"你怎么做"，而要追问自己"为什么做"。你应该相信自己的使命，非常用心地解决问题，不要放弃，努力向前看。

延伸阅读5-3：创业者特质

表5.3　创业者具有的特质

1	自信	12	善于与人相处	23	有远见	34	能忍受不确定性
2	决心、毅力	13	积极主动	24	准确	35	争强好胜
3	精力充沛、勤奋	14	灵活	25	合作精神	36	懂得享受
4	足智多谋	15	智慧	26	以利润为导向	37	讲求功效
5	能承担预计的风险	16	目标明确	27	能吸取失败的教训	38	奉献
6	有魄力和领导力	17	勇于迎接挑战	28	权力感	39	信任员工
7	乐观	18	独立	29	友善	40	敏感
8	有成就的需要	19	乐于接受批评和建议	30	自我主义	41	诚实守信
9	多才多艺	20	争分夺秒	31	勇气	42	成熟、心态平和
10	创造力	21	决策果断	32	想象力		
11	影响力	22	责任心	33	洞察力		

资料来源：Donald F. Kuratko，Richard M. Hodgetts．创业学：理论、流程与实践：第6版［M］．北京：清华大学出版社，2004.

延伸阅读5-4：创业者纲领

创业思想对创业成功极具价值。对于创业者而言，哪些概念、技能和诀窍对他们有用，或者是必须做到的。我们将之列举如下：

1.做正能量的事情——给自己带来快乐。

①找出正确的行事方法并实施之。

②说"行"，而不是"不行"或"可能行"。

2.不墨守成规——韧性和创造力是获胜根基。

①如果你相信你能行，任何事情都可能做成。

②如果你不知道这件事不能做，那么你就做下去。

③杯子是"半满的"转变为"半空的"，其中孕育着巨大的商机。

3.不满意事情的现状——寻找改进的方法。

以不同的方式做事。

4.不要冒不必要的险——但如果有适合你的机会，要有计划地冒险。

5.企业失败是成功企业家学习的过程——但要把学费压低。

①乞求谅解比开始就要求批准更简单。

②执着于商机和结果，而不是金钱。

③金钱是在合适的时间、合适的商机下，向合适的人提供的工具和积分卡。

④赚钱比花钱更有趣。

6.在他人中塑造英雄——团队可以建立企业，个人只能挣钱度日。

7.为你的成就感到自豪——自豪感是会传染的。

8.努力把握对成功起关键作用的细节——细节决定成败。

正直和诚实等同于可长期使用的燃料和黏合剂。

9.把蛋糕做大——不要把时间和精力浪费在试图分割的小蛋糕上。

10.为长远目标竞争——快速致富的可能性很小。

11.别付费太多——但别失去它。

只有站得足够高才会看清局势的变化。

12.回报利益相关者——股东、员工、供应商、中间商等。

延伸阅读5-5：我国创业发展的五个阶段

我国的创业活动可分为五个发展阶段：

第一阶段：个体户阶段（1979年初至1984年10月）。个体户、小作坊、万元户是这一阶段的关键词。党的十一届三中全会后，倡导"一部分人先富起来"，一些创业先行者（主要是农民）以小作坊的方式开始创业。其中最具代表性的有以农民创业为主的"温州模式"、以乡镇企业为主的"苏南模式"以及深圳特区模式（1980年）。这一阶段的特点：创业人数不多；创业者多为农民和城镇无业人员；经营方式为个体户和乡镇企业；行业主要为劳动密集型产业（如饭馆、商铺）；创业成功率高；其代表人物有刘永好（四川）、梁稳根（湖南）、梁庆德（广东）、南存辉（浙江）、年广久（安徽）等。

第二阶段：头班车阶段（1984年10月至1992年春）。商品经济、"下海"是这一阶段的关键词。党的十二届三中全会通过《关于经济体制改革的决定》以及第七届全国人大第一次会议设立海南经济特区的决定，开始发展具有社会主义特色的"有计划的商品经济"，很多公职人员、知识分子，甚至高干子弟纷纷辞职"下海"。这一阶段的特点：创业人数多；公职人员、知识分子"下海"经商人数多；创办企业具有现代企业特征；创业涉足的行业主要为第三产业、科技公司等；主要代表人物有柳传志（联想）、任正非（华为）、宗庆后（娃哈哈）、王选（北大方正）、王石（万科）、史玉柱（巨人）、冯仑（万通）等。

第三阶段：快车道阶段（1992年春至1999年底）。"社""资"、深圳速度、白猫黑猫论为这一阶段的关键词。1992年我国社会主义改革开放和现代化建设的总设计师邓小平南方谈话，要求"胆子放大一点，步子迈大一点，摸着石头过河"大胆地闯，进行全面改革开放。开启了我国第三次创业浪潮。这一阶段的特点：政府机关"下海"猛增；创办企业规模较大；创业行业广（涉及金融、房地产、教育等不同行业），网络为最主要创业手段之一；代表人物有王传福（比亚迪）、张朝阳（搜狐）、丁磊（网易）、牛根生（蒙牛）等。

第四阶段：民资创业阶段（1999年12月至2007年底）。这一阶段的关键词为民进国退、资本力量、小康社会。1999年8月30日第九届全国人大常委会第十一次会议通过并公布了《中华人民共和国个人独资企业法》，2005年10月27日第十届全国人大常委会第十八次会议修订了《中华人民共和国公司法》，这些都是鼓励创业和建设小康社会的重要举措。我国成为世界上创业活动最活跃的地区之一。这一阶段的特点：互联网经济催生一大批财富英雄；创业范围更广、更大，几乎涉及所有行业；民间资本非常活跃；阳光创业（很少利用权力资源）；代表人物有陈天桥（盛大）、李彦宏（百度）、施正荣（尚德电力）等。

第五阶段：创业经济阶段（2008年1月至今）。这一阶段的关键词为创业经济、创业就业、全民创业。2008年金融危机加上随之而来的进出口贸易受挫以及就业形势的严峻挑战，国家相关部委相继采取措施鼓励创新创业。金融危机孕育了第五次创业高潮。这一阶段的特点：创业教育成为共识；创业经济持续活跃；创业体系趋于完善。

延伸阅读5-6：正确认识大学创业教育

有不少人反对大学生创业，其理由通常是"大学生缺乏经验，不适合创业，创业太早"，甚至反对在高校开展创业教育。事实上，他们误解了创业和创业教育。

开展创业教育并不是让大学生一定要创业。因为创新创业教育能很好地融合创新、创意、合作意识并敢于承担风险，形成创业能力，这才是开展创业教育的目的。培养具有创业能力的大学生，并非要求他们一定成为企业的创建者，而是因为受过创业教育的大学生已具备较强的创业能力——拥有凭技术悟性做决策的能力、主动工作的能力、构建良好人际关系的能力、识别和把握机会的能力、协调解决问题的能力以及承受挫折的勇气，进而能更好更快地适应未来工作，在今后的各种工作环境中更具灵活性和竞争力。

对于大学生创业者而言，对企业运作还不太熟悉，因此，积极对接知名的行业专家学者，获得专业性的帮助和指导，对提高创业成功率极为关键。创业前，如果条件允许，可以在读书期间做一些产品的校园或者地区代理，不管是热水袋、拖鞋、牛奶、化妆品，还是手机卡、数码产品、婚纱店、美容店、家教中心等，都可以尝试。这一过程既能赚些钱补贴生活费，增长职场见识，还可以锻炼组织能力。因为往往需要组织2~3人的小团队（团队人数切忌太多，2~3人即可，最多别超过5人）。也可以考虑进企业工作，通过打工经历学习行业知识、建立客户资源渠道，了解企业运作的实战经验，学习开拓市场的方法，认识盈利模式。

二、案例研究

综合案例5-1：海归学霸的生态田园

对于大多数学霸而言，成为高精尖类技术人才是普遍的成长路径。但31岁的"金融海归"曹曦另辟蹊径，选择返乡做一名"新农人"。在曹曦看来，生态农业是值得投资的朝阳产业。在打造中高端有机水稻品牌的基础上，曹曦带领团队进行有机食材配送、休闲采摘、自然教育和民宿等多产业尝试，做多产业融合生态链。

1.种植有机水稻打造生态田园综合体

2016年，曹曦为照料亲人回国数月，正赶上国内玉米价格跌落至谷底。凭借多年来金融专业的价值判断，曹曦认为此时进军农业领域，风险比较低。

曹曦的家乡吉林市是粳稻之乡，吉林大米更是省、市各级政府主推的农产品。他决定从种植有机水稻开始，打造生态农业产业基地。

曹曦的创业计划吸引了精通生态水稻种植、互联网销售、包装设计等各行业的合作伙伴，他们共同出资成立了吉林壹田生态农业科技有限公司（以下简称"壹田生态农业"）和精准种植专业合作社。

海归学霸的生态田园基地建在吉林市大绥河村——黑土肥沃、水库多、景色美，又邻近市区和302国道，交通非常便利。

两年内，曹曦带领团队在大绥河村流转了6 000多亩土地，建成了数十栋现代育苗大棚，还与吉林省农科院水稻研究所和吉林农业大学进行产学研合作，尝试稻田养蟹、鸭、鱼，部分土地进行糯玉米、黄豆休耕轮作，种植全程机械可视化。

因为没有农业生产经验，从建温室、购置农机具到整地、育苗、插秧、田间管理、收割，曹曦有空就待在田间地头，每个流程都仔细学了一遍。

水稻收割后的秸秆该如何有效利用？曹曦又动起了脑筋。一次去北京参加农展会，让他大开眼界——用秸秆养蚯蚓。

于是，壹田生态农业与当地30多家养牛场合作，用水稻和玉米秸秆置换牛粪，再用牛粪和秸秆养蚯蚓，最后发酵生成有"有机肥料之王"美誉的蚯蚓粪。"蚯蚓粪施撒在黑土地上，长出的农作物更有儿时的味道。"曹曦说。

如此一来，不仅解决了秸秆焚烧和牛粪污染环境的问题，还为有机水稻找到了好肥源，既产生了经济效益又保护了环境。

2.让农田和果园成为自然教育基地

为了做专业的自然教育，曹曦带领团队去上海取经，与当地一家自然教育机构签约，学习如何建立学习园地和开展具体的自然教育活动。壹田生态农业还购置了一片占地3万多平方米的民房和果园，与稻田一样，设计成自然教育乐园，开展年猪文化节、休闲采摘、游学体验等活动。来农田和果园体验的孩子会被引导观察各种庄稼和果蔬的生长过程，或者参与采摘、用果蔬的茎叶和种子制作工艺品。孩子体验期间的所有餐食全部来自生长在自然教育基地的绿色食品。

值得一提的是，参与自然教育的教职人员全部从当地农民中选拔，再经培训上岗，这样不仅让孩子们了解到地道的农业知识，还能提高农民的文化素养和经济收入。

3.做多产业融合生态链

为了生产出高质高产的有机水稻，曹曦实行了一套激励制生产管理方法。"以20公顷土地为生产单位，设定基础产量，两人一组，收货时超出基础产量的六成归农民。"第二年秋收时的大丰收，证实了新的生产管理方法很管用。曹曦算了一笔账，按这种方法，两人一组的生产小组年终分红加工资在12万元左右，远超当地农民的平均收入。

产出了好大米还需要好销路。壹田生态农业的中高端水稻通过电商平台、直播带货、电视购物、固定群体定制等多种渠道销售，扩大影响力，积累黏性用户。

随着乡村振兴与产业发展，高知型"新农人"越来越多。在曹曦看来，他们的优势在于，在打造有机大米品牌的基础上，尝试多产业融合发展。

今年，曹曦的团队正在重点打造"农耕+稻田文化元素"式民宿，通过村企联营模式，定期在民宿区域举办主题文化节和自然教育活动。

思考：此案例创业成功的因素有哪些？

资料来源：王培莲. 海归学霸的生态田园 ［N］. 中国青年报，2020-06-23.

三、创业训练

创业训练5-1：五种思维

采取游戏的方法：老师发给每个学生红、黄、绿、蓝、紫五种标签各一个，分别代表生命思维、批判思维、美学思维、经济思维与设计思维。

老师发给每个学生一张A4纸，写上自己的姓名，并将纸折成任何形状，作为铭牌。

接下来，每个学生轮流拿着自制铭牌向大家作自我介绍。当所有人介绍完毕后，每个人把手中标签贴到自己认为某种思维最强的人的铭牌上。比如甲同学认为乙同学设计思维最强，甲就把手中的紫色标签贴在乙同学的铭牌上。

投票结束后，进行计票，筛选出五种思维最强的同学以及所有票数最多的同学。通过该游戏，找出我们身边五种思维特质最强的人。

创业训练5-2：唤醒内心的创业梦

请参考创业项目地图，结合自己的愿景、兴趣爱好和专业特长，依以下四步分析与探索你的创业梦想。

"互联网+"创新创业项目地图			新一代信息技术					
			移动互联网	云计算	大数据	人工智能	物联网	虚拟现实
经济社会各领域	互联网+现代农业	1 农						
		2 林						
		3 牧						
		4 渔						
	互联网+制造业	5 智能硬件						
		6 先进制造						
		7 工业自动化						
		8 生物医药						

"互联网+"创新创业项目地图			新一代信息技术					
			移动互联网	云计算	大数据	人工智能	物联网	虚拟现实
经济社会各领域	互联网+制造业	9 节能环保						
		10 新材料						
		11 军工						
	互联网+信息技术服务	12 工具软件						
		13 社交网络						
		14 媒体门户						
		15 企业服务						
	互联网+文化创意服务	16 广播影视						
		17 设计服务						
		18 文化艺术						
		19 旅游休闲						
		20 艺术品交易						
		21 广告会展						
		22 动漫娱乐						
		23 体育竞技						
	互联网+商务服务	24 电子商务						
		25 消费生活						
		26 金融						
		27 财经法务						
		28 房产家居						
		29 高效物流						
	互联网+公共服务	30 教育培训						
		31 医疗健康						
		32 交通						
		33 人力资源服务						
	互联网+公益创业	34 公益创业						

1.发展趋势分析（政策、行业、技术与市场等趋势）。

2.社会热点探讨（如乡村振兴、人工智能、物联网、大数据、大健康、内循环、"一带一路"等）。

3.我想做什么？（分析你的愿景、兴趣爱好）

4.我能做什么？（分析你的专业特长、资源能力）

第6章 创业团队

一、知识拓展

知识链接6-1：中国创业团队的主要类型

1. 父子创业型。俗话说："上阵亲兄弟，打虎父子兵。"父子创业有着亲情上的天然优势。通常情况下，父子俩是近乎绝对的利益共同体，父子兵更多地表现在后创业时期，或者子承父业上。如齐头并进（三株集团吴氏父子）、分工协作（天通股份潘氏父子）、青出于蓝（方太厨具茅氏父子）、承袭余荫（格兰仕梁氏父子）。

2. 夫妻创业型。人们喜欢用"开夫妻店"来描述这种创业形式。华人中成功的夫妻企业很多。像曾跻身中国大陆100富豪的阎俊杰、张璟夫妇，在纳斯达克成功上市的软件公司Vitria创办人张若玫、Dale Skeen夫妇。夫妻创业型主要有以下几种类型：打是亲骂是爱型（当当书店李俞夫妇）、贤内助当家型（豪杰梁王夫妇）、举案齐眉型（东方爱婴贾余夫妇）、夫唱妇随型（GRIC通讯陈刘夫妇）。

3. 亲帮邻助型。靠向亲朋好友借钱起家的创业者，这是最容易实现的，也是最普遍的创业方式，这种方式更容易建立信赖关系。亲帮邻助型创业可分为以下几种类型：顺风扯帆型、腆颜相求型、众人拾柴型、情非得已型。

4. 个人英雄型。指由个人先打拼出一片小天地，然后吸纳家族成员参与；或者在创业时"携妻抱子"闯出一片天地。个人英雄型创业可分为四种类型：走投无路型、志向高远型、逼上梁山型、心思活泛型。

5. 好汉帮型。俗话说，"一个好汉三个帮"，形容朋友在人一生中的重要作用。一群志同道合的朋友聚在一起，决定干一番事业，其爆发力是惊人的。朋友创业比起父子、兄弟等亲戚型创业在权责划分及管理上更多几分理性和约束。好汉帮型创业可分为发小型、同窗型、家族联合型、志同道合型、合纵连横型。

6. 兄弟班型。兄弟创业成功的案例很多，比如鼎鼎大名的刘永行、刘永好四兄弟，湖南远大张剑、张跃兄弟，吉利集团李书福四兄弟等。兄弟班型创业可分为以下几种类型：骑驴找马型（鹏润公司黄氏兄弟）、一技傍身型（铭泰科技何氏兄弟）、众星拱月型（吉利李氏兄弟）、张仪相秦型（招宝珍禽蓝家兄弟）。

7.综合创业型。既然是创业，就没有什么固定形式。有些创业团队不能归结为上述任何分类。比如，北京"公关怪杰"——百龙绿色科技所（集团）老总孙寅贵的创业经历，以及正泰集团总裁南存辉的创业故事，都不能归入上述任何一类。

知识链接6-2：创业团队的主要组织模式

模式一：硅谷三人组合模式。在英特尔的辉煌创业史中，诺伊斯、摩尔和格鲁夫三人团队精诚合作的故事广为传颂。德鲁克在《管理的实践》中描述的"理想的董事长"实际上也是三人合一：一个善于对外交往的人、一个善于思考的人、一个善于行动的人。

模式二：3H模式。美国创业者普瑞尔·萨拉伊总结出创业团队的3H模式：Hipster（潮人，即精神领袖）、Hacker（黑客，即技术领袖）与Hustler（皮条客，即执行领袖），也称创业团队"三剑客"。Hipster（潮人）是有一点桀骜不驯、玩世不恭的人，不循规蹈矩是他们对时尚的品位，他们对流行趋势的把握是非常独到的，经常率先引领时尚潮流。Hacker（黑客）是掌握极具突破性、变革性技术的人，他们能把漏洞变成商业机会，突破技术而创造机会。Hustler（皮条客）最大的特点是八面玲珑，是出色的交际者，对内能增强整个团队的凝聚力，对外能让每个客户都觉得自己是VIP。

根据这些经典团队的组织情况，可以总结出创业团队的一些基本规律：关于成员角色，创业团队一般都包含精神领袖、技术领袖和执行领袖三种角色。战略与方向是精神领袖的任务；管理与执行是执行领袖的任务；把精神世界转化成物质世界是技术领袖的任务。

资料来源：知网《创业团队都有哪些组织模式》

知识链接6-3：怎样应对创业团队陷阱

表6.1　创业团队陷阱、表现特征及克服方法

团队陷阱	表现特征	克服方法
团队组建存在问题	不知如何找寻合伙人	首先对自己需要的合伙人有明确的定位，比如技术型人才或者销售型人才

续表

团队陷阱	表现特征	克服方法
团队组建存在问题	团队合伙人角色如何匹配股权	在组建团队时根据工作需要做好角色定位，同时根据每个人的特点进行分工
	不知如何分配股权	首先，合伙人之间充分信任；其次，全面合理地分配股权框架和模型。对于企业来说，非常重要的一点就是谁重要谁控股
团队管理存在问题	不知如何招聘核心员工	创始人需要多参加业界活动，做好宣传。校招有助于寻找年轻员工；猎头公司或者行业朋友的推荐有助于寻找成熟伙伴。招聘前，需要完善公司的激励制度
	不知如何解决核心人员流动问题	设立核心员工成长计划，帮助核心员工跟随公司成长，做好公司员工对职位变化和福利待遇的理解，尽量避免无谓的人员流动
	不知如何协调新老员工的关系	建立共同权益制度，认可早期员工的价值，设立期权池，许诺早期股票期权的同时让老员工持股
	不知如何做好员工持股的问题	考虑影响股权分配的各因素所占的比重，具体包括经验、资历的丰富度；对公司未来成长的贡献；获取资源的能力；对市场的了解程度以及人格魅力与影响力等方面

资料来源：刘志阳. 创业画布：创业者需要跨越的12个陷阱［M］. 北京：机械工业出版社，2018.

知识链接6-4：个人与团队之间冲突的解决办法

创业阶段个人与团队之间的冲突，可能导致个人行为偏离团队发展轨迹。解决方案有两种：

第一种：直接式，即采取团队公开讨论的方式。采取这种方式，每位成员都可以开诚布公地就冲突行为发表评论并提出解决方案。问题解决过程中需注意把握以下几项原则：一是团队成员之间的互相信任与帮助是解决一切问题的前提。二是表现出冲突行为的个人应对其行为改进作出承诺，同时需要监督者全程跟进。三是在彼此信任的前提下，团队成员一定要有培养、等待的耐心。一个优秀的创业团队的创建过程其实就是团队成员之间不断磨合、相互帮助、共同改进、共同成长的过程。

第二种：间接式，即私下面谈。由创业团队核心领导或者负责维护团队关系的成员与表现出冲突行为的个人私下面谈，这种方式一般适用于冲突不是特别严重或者表现出冲突行为的个人自尊心较强的情况。面谈过程中，负责面谈的成员需要把握以下几个关键问题：了解具体的冲突行为及其背后的原因；说明冲突行为对团队的破坏力及严重性，推荐可替代的行为方案，或者提出对方认可的改进方案。

知识链接6-5：团队"卡壳"了，怎么办

团队"卡壳"是指团队因各种问题导致各项工作难以推进，整个团队表现为不积极、凝聚力差、不信任、不作为、低效率，甚至濒临瓦解。团队"卡壳"实际上是整个组织出现了问题。主要原因有：团队管理不善、团队技能组合支撑力不够、创业项目遇到巨大困难、多人与团队形成冲突等，这些原因最终会导致多数甚至所有成员对团队总体发展方向感到迷茫、彼此不信任、低效能、不作为等严重问题的出现。

当团队"卡壳"时，首先要正确分析团队"卡壳"的原因，并在尽可能短的时间内抓住主要矛盾，采取相应对策，做到有的放矢，"对症下药"。以下是团队"卡壳"的常见原因及对策：

（1）如果是团队成员认知方面的问题，不妨开展团队大讨论。一方面是再次强调创业目标、实现目标的路径与具体行动方案，尤其要强调统一的价值观、行为规范以及绩效目标，达成共识；另一方面是探究团队中潜在的个人与团队的冲突，例如具有隐蔽性的意见分歧、观念差异、负面情绪等，通过团队大讨论得到圆满解决。

（2）如果是团队成员对未来目标感到迷茫的问题，一方面可以考虑通过团队大讨论的方式来统一认识；另一方面，也是更加重要的方面，着手制订切合实际、可行性强的近期目标与规划，并力图在短期内实现，从而用事实说服团队成员，增强大家的信心。

（3）如果是团队内部技能组合支撑力不够的问题，一方面要提升组织的整体能力，组织全体团队成员分析历史案例、学习行业标杆、参加外部考察、加强学习等，同时有针对性地培养个别成员；另一方面要在现有条件下优化团队结构。团队内部技能组合支撑力不够的主要原因在于某些成员个人与团队之间存在严重冲突或者个人技能太弱，且已经"病入膏肓""无药可救"，不仅会削弱团队内部的技能组合支撑力，还将成为团队成长、组织发展的巨大障碍。

延伸阅读6-1：天堂与地狱

一位行善的基督徒临终前想看一看天堂与地狱究竟有何差异。于是天使先带他到地狱去参观。到了地狱，呈现在他们面前的是一张很大的餐桌，桌上摆满了丰盛的佳肴。"地狱的生活看起来还不错嘛！"基督徒说。"不用急，你再继续看下去。"天使回答道。

过了一会儿，用餐时间到了，只见一群骨瘦如柴的饿鬼鱼贯入座。每个人的手上都拿着一双长十几尺的筷子。可是筷子实在太长了，最后每个人都夹得到但吃不到。"你不觉得很悲惨吗？"天使对基督徒说，"我再带你到天堂看看。"

到了天堂，同样的情景，同样的满桌佳肴，每个人的手上同样拿着一双长十几尺的筷子。围着餐桌吃饭的人们，用同样的筷子夹菜，不同的是，他们喂对面的人吃菜。而对方也喂他吃，因此每个人都吃得很愉快。

延伸阅读6-2：西游记取经团队

团队目标：取得真经。

团队定位：降妖除魔取经团队。

团队组成及职权：

唐僧：团队负责人，得到上司支持和赏识（直接得到唐太宗的任命；又得到观音、如来的支持），相当于企业董事长。

沙僧：承担了团队中挑担这种类似企业基础实务的工作。

猪八戒：看起来好吃懒做、贪财好色，但他的存在极具作用——性格开朗，能够接受任何批评，在团队中承担起润滑剂的作用，相当于企业中的工会、公共关系等部门。

孙悟空：降妖伏魔的本事最大，但自我约束能力不强，相当于能独当一面的总经理、营销总监、事业部总经理等角色。

团队计划：从东土大唐到西天取真经，然后返回长安。

延伸阅读6-3：创业团队散伙的十二乐章

第一乐章　艰苦卓绝、争先恐后

第二乐章　岔道路口，求同存异

第三乐章　遭遇挫折，不由自主地卖出后悔药

第四乐章　据理力争，反唇相讥

第五乐章　苍蝇盯上了有缝蛋

第六乐章　摩擦中曲折前行

第七乐章　拉帮结派，暗中排斥异己

第八乐章　派系斗争升级，工作为次

延伸阅读6-4：分粥中的团队规范

7个人组成的小团体，每个人都平凡而且平等，但不免自私自利。他们想通过制订制度来解决每天的吃饭问题——要分食一锅粥，但没有称量用具。怎么分才最有效呢？

方法一：指定一个人负责分粥事宜。大家很快发现，这个人为自己分的粥最多。于是又换了一个人，结果总是主持分粥的人碗里的粥又多又好。这印证了阿克顿勋爵的话："权力会导致腐败；绝对的权力导致绝对的腐败。"

方法二：大家轮流主持分粥，每人一天。看起来平等了，但是每个人在一周中只有一天吃得饱且有剩余，其余6天都饥饿难挨。大家认为这种办法造成了资源浪费。

方法三：大家选举一位信得过的人主持分粥。开始这位品德尚属上乘的人还能公平分粥，但不久他开始为自己和溜须拍马的人多分。

方法四：选举产生分粥委员会和监督委员会，形成监督和制约机制。公平看似做到了，可是监督委员会常常提出种种议案，而分粥委员会又据理力争，等粥分完时，粥早就凉了。

方法五：每个人轮流值日分粥，但是分粥的人要最后领粥。令人惊奇的是，在这个制度下，7只碗里的粥每次都是一样多。每个主持分粥的人都意识到，如果7只碗里的粥不同，他确定无疑将享用最少的那份。

延伸阅读6-5：高效创业团队具备的基本特征

首先我们想象有这样一个团队：它能取得高品质的成果，你以加入这个团队为荣，你知道自己应当做什么，团队目标也非常清晰。每个人都有一份领导责任，并且都有参与的积极性。每个人都感觉得到他人的欣赏和支持。当你讲话时，团队其他成员都在用心倾听，尊重不同的意见。这就是一个成功的创业团队应当带给员工的感受。

通过对上述感受的描述，一个高效创业团队应具备的基本特征（图6.1）如下：

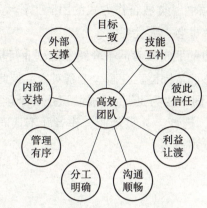

图6.1 高效创业团队十大基本特征

（1）具有强大的凝聚力。

（2）团队利益至上。

（3）坚持正确的经营原则。

（4）切实做到对企业的长期承诺。

（5）正确处理短期利益和长期利益的关系。

（6）致力于创造新的企业价值。

（7）合理分配股权。

（8）公平弹性的利益分配机制。

（9）合理分享经营成果。

（10）专业能力的完美搭配。

延伸阅读6-6：如何选择创业伙伴

（1）技能互补。这一点非常重要，在选择创业团队成员时，首先要考虑彼此之间是否具有各种不同的技能，以便形成互补性技能组合。

（2）彼此相似。彼此的相似性是指创业团队成员之间往往具有相似的价值观、兴趣爱好、背景等，这样有利于达成共识。因此，选择创业团队成员时，应当尽量找寻与自己具有"相似性"的成员。

（3）创造价值。创造价值是指找寻创业合作者时，应当重点考虑对方能否帮助解决眼前的棘手问题，或者未来能否为实现团队目标创造巨大价值，这些人通常在某些专业领域具有特殊的才能。

（4）有类似工作经验。创业合作者是否具有团队工作经验也非常重要。如果你找寻的创业合作者具有类似领域、类似合作方式的团队工作经验，则后期的团队磨合工作就会轻松很多，工作效率也会大大提高。

（5）身边找人。向身边的朋友或者同事介绍你的创业目标，请他们推荐可靠人选，这样可以增进彼此的信任感、认同感，并减少考察对方、彼此磨合的时间成本。

（6）达成共识。"道不同不相为谋"，达成共识是一个创业团队高效运作、快速成长、走向成功的根本前提，因此，如果创业合作者并不认同你的价值观、战略目标、商业计划等，你应当考虑立刻换人。

二、案例研究

创业案例6-1：红孩子"兄弟义气"埋下隐患

创业公司获得风险投资人的青睐无疑是获得认同的可喜一步，但公司创始人之间以及投资人和公司管理层的关系也变得更加复杂。投资人和管理层之间存在矛盾冲突，以及创始人内部的股权分配失衡，均会增加初创企业的不确定性，母婴用品起家的电商红孩子就是一个典型代表。

徐沛欣、李阳、杨涛和马建阳四个好兄弟一起创办了红孩子，形成了CEO+3的管理格局，四人性格互补，他们组成的红孩子核心团队的协同作战能力也成为风险投资人相信红孩子的一个重要因素。在引入多轮融资后，2006年红孩子创始人之间的矛盾开始萌发。在获得风险投资后，徐沛欣的话语权逐渐增强。此时，李阳与徐沛欣的战略分歧也日益凸显，是继续专注于母婴用品市场，还是引入化妆品、3C认证（China Compulsory Certification，中国强制性产品认证）产品等品类做综合B2C（Business-to-Customer）？李阳坚持前者，而徐沛欣坚持后者。

在二人矛盾无法调和后，风险投资人支持徐沛欣，杨涛也选择站在徐沛欣一边，董事会决定李阳、王爽夫妇离开。另外两位创始人也因内部问题离开后，创始人团队只剩下被认为代表资本意志的徐沛欣。2012年9月，苏宁易购宣布以6 600万美元收购红孩子，最终红孩子变身为苏宁易购的母婴频道。

资料来源：腾讯科技频道. 教训：互联网创业必须避免的八大误区［M］. 北京：机械工业出版社，2014.

创业案例6-2：尚阳科技团队精神的培育

尚阳科技2003年初成立，有豪华的创业团队，还有十多家知名投资公司的大额注资，主营业务前景广阔。后来，由于经营不善，创始人郑昌幸被迫"下课"，公司开始大幅裁员，业务开始转型，最后退出市场。失败原因如下：

（1）员工文化背景不一。尚阳科技实行一系列并购，先后收编了汉网、联合网维以及华为旧部，还在社会上招聘了一部分员工。从高层到员工"成分"极为复杂，有"海龟"也有"土鳖"，有出身国企的也有来自外企的，有来自创业公司的也有来自全球500强公司的。

原因：为了广揽人才，以高管为例，尚阳科技的高管包括中科院院士侯自强的儿子侯立民，原华为高级副总裁陈硕、毛森江，IBM的杨波以及微软.net核心研发小组成员张淡泊。

结果：倡导一种融合的文化氛围，但收效甚微。

改善建议：采取跨文化培训，特别是团队建设，建立良好的企业文化。

（2）团队架构不合理。实行事业部制，尚未进行强势整合。

原因：一位内部人士表示，"开始的时候，怕损失暂时的利益，怕某些人离开，没有进行全盘的整编"。

结果：政令不通，作为一个创业公司却患上了严重的大公司病，内部帮派严重，事业部之间各自为政。

改善建议：扁平化管理。

（3）强调以业绩为导向，引起恶性竞争。

原因：适者生存。尚阳科技内部人士表示："每个部门都有自己的销售部，都有自己的研发人员，也都希望拿到最赚钱的项目。"

结果：彼此独立为小团队，彼此压制，资源浪费。

改善建议：培养团体精神。让员工意识到公司整体成功的重要性，培养员工之间彼此尊重和相互学习的精神，将事业部的"关联性"设定为正面的运行规则指引。

资料来源：百度文库《尚阳科技失败的原因、启示》

综合案例6-1：创业团队如何克制"毕业即散伙"魔咒

武汉一高校大学生创业者李军（化名）曾亲眼看到过"毕业即散伙"的例子：在

公司隔壁，一位同城"985"高校学生创业者带领团队打拼了3年，从创业孵化器搬到光谷大厦，公司已有10余名员工。临近毕业时，该公司创始人接到了一家世界百强企业年薪60万元的offer，遂决定离开公司。主心骨一走，公司不到一个月就解散了。

许多创业导师都近乎一致地认为："创业大学生毕业散伙的现象极为普遍。这些诞生于象牙塔里的学生创业团队，在'大鱼吃小鱼'的市场竞争中难以扎根成长，历经挣扎，毕业季成为压垮他们的最后一根稻草。"

华中科技大学计算机博士生范小虎花了3年时间，终于啃下了武汉智能家居行业的"硬骨头"。2011年，范小虎考入华中科技大学计算机学院，结识了谢屈波等3位年龄相仿、志趣相投的博士生同学，大家课余一起吃饭、唱歌、聊技术、聊人生，成了无话不谈的好朋友。3年后，一则谷歌高价收购某智能家居公司的消息让他们深受启发。"这不正是我们的研究领域吗？"经过多次商议论证，四人决定针对老年群体打造一款智能家居系统，并成立武汉博虎科技有限公司。公司主创团队四人各有所长：谢屈波曾将一个创业公司做到了上市；另外两人在国外读博士后，掌握着行业前沿动态；而范小虎自称"刘备"，能将一帮"大将"聚在一起战斗。经过3年的发展，博虎科技逐步确定以年轻人、大型医院、养老院为目标客户群体，年收入突破百万元。范小虎也被评为"2017年武汉创业十佳大学生"，入选"3551光谷人才计划"。

"创业比办跆拳道社团更加复杂，未来可能遇到的意外会更多。"范小虎记得，有一次，在签融资合同的前一天，对方公司破产，投资项目瞬间泡汤；年前公司账面上一分钱也没有，几个合伙人从家里拿钱，才勉强发了员工工资。"有时候一个人单打独斗未必就好，有一群跟你一起打拼的伙伴，在遇到困难时才不会孤立无援。"范小虎一开始就明确要找靠谱的伙伴一起创业。选择创业合伙人时，他邀请了相熟的同学，四人的专业能力、为人处世都互相了解。他认为，"找到逆境时出现的朋友"才是创业合伙人的最佳选择。他算了笔账：每天早上出门前和女朋友说不了一个小时的话，晚上9点多下班后又不到两个小时，中间有八个多小时要和合伙人待在一起。"找创业合伙人比找对象都重要。"他笑称。

范小虎在合伙人的股权分配上有自己的一套办法："首先合伙人之间的权责利一定要明确，白纸黑字红章都要有，并且要有动态适应调节机制。"例如，四位股东虽然股权平分，但都有相应的销售任务，完成每单业务都可以单独拿提成，遵循多劳多得原则。"合伙人之间的利益，只要股份、利润分得合情合理，大家一起合作都会愉快。"

资料来源：中青在线《创业团队如何逃脱"毕业即散伙"魔咒》

三、创业训练

创业训练6-1：小A找创业伙伴

小A第一次创业，因跟伙伴出现意见分歧退出了创业团队。某天，小A在网上认识了一位网友，这位网友40多岁，刚从国外回来。心情不好正想找人倾诉，小A就跟他聊了起来。聊着聊着，竟发现两人共同语言越来越多。于是，小A就对"海归"说出了自己的想法。

小A：我想弄山寨笔记本，你认为如何？

"海归"：好啊！咱俩可以合伙，我有平台。

小A：你有平台？

"海归"：呵呵！我是北京高校创业联盟的首席顾问，完全可以利用这个平台做推广，在高校推广山寨本。同时，我们还可以OEM，做自己的品牌。利用这个平台找代理，如果北京高校推广成功了，我们就把这个模式向全国各大城市复制。

小A：你能控制这个平台？

"海归"：完全可以，我们还可以在自己品牌的笔记本上做关联营销，收取广告费等。

思考与讨论：

1.如果你是小A，你会跟他合作吗？请说明具体理由。

2.组建一个创业团队，需要考虑哪些问题？

创业训练6-2：固若金汤

游戏名称：固若金汤

游戏程序：

1.准备预定场地。

2.将学生进行分组，10~20人为一组。

3.以小组为单位，小组成员手拉手围成一个圆圈，同时身体后仰，静止1~3分钟。

4.小组成员报数，记住自己的号码，奇数成员身体后仰，偶数成员身体前倾，并静止几分钟。

5.小组成员前后站立形成一个圆圈，后面队员的手搭在前面队员的肩上，连成一个整体，小组成员在老师发出指令后齐步走，使得学生们越走越近，最后几乎接近一个圆。

6.老师发出新的指令，奇数成员以右腿稍微迈向前方的形式下蹲，偶数成员坐在奇数成员的大腿上，并保持数分钟，坚持到最后者为胜方。

老师总结：同学们谈谈活动过程的感受并分享心得体会。

创业训练6-3：快速组队

方式1：随机应变组建团队

（1）男组员价值50元，女组员价值100元。

（2）主持人说出一个数字（要求是整百数），男女组员依数字自由组合（例如：300元，就是3女或2女2男或6男）。

（3）请12位同学到教室前面来。

（4）主持人每次尽快说不同的数字，同学们要迅速成组。

（5）未及时加入小组的，就淘汰出局，回自己的座位。

方式2：同一首歌组建团队

（1）请两位同学每人说出一首大家都比较熟悉的歌名（不重复）。

（2）请同学们在纸条上写下这两首歌任一首的任一句歌词（只能写一句）。

（3）请这两位同学各自唱所选的歌，一边唱一边在班上找人。

（4）当找到某位同学时，该同学唱出自己所写的那句歌词，如果是同一首歌的歌词，就加入自己组建的团队。

（5）只要找到5位唱同一首歌的同学，就算组队成功。

（6）最快结成队伍的获胜。

建议：一面做动作一面唱歌寻找队友，这样场面会更活泼生动。

创业训练6-4：团队成员合作创作

1.各小组成员商量一个画作主题（比如人、狗或鱼）。

2.请三位小组成员轮流在黑板上作画，每人只能画一笔。

3.由全班同学投票，得票最多的小组获胜。

第7章　创业机会

一、知识拓展

知识链接7-1：创业机会窗口

美国学者蒂蒙斯将商业想法推广到市场上所花的时间称为创业的机会窗口。

创业机会通常被形象地比作"窗口"，这说明创业机会具有很强的时效性，窗户打开的时间长度，能否在窗户关闭之前把握和抓住机会，决定了创业的成败。

创业表现为一个时间窗口。如图7.1所示，第一个阶段（5年）是机会窗口尚未开启的阶段，第二个阶段（5~15年）是机会窗口开启到关闭的阶段，第三个阶段（>15年）市场已基本成熟，机会窗口基本关闭了。

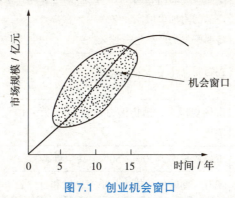

图7.1　创业机会窗口

机会窗口对创业者主要有以下几点启示：

一是创业者在机会窗口的哪个阶段进入市场，在很大程度上决定了创业的成败。

二是市场规模和机会窗口敞开时间的长短对创业成功起关键作用。一般而言，市场规模越大，特定机会的时间跨度越长，市场的成长性越好。

三是创业者需要具备前瞻性的市场判断能力。适度的前瞻性以及对市场变化趋势的判断力是创业者必需的素质。

四是创业机会存在均等性与差异性。创业机会在一定范围内对同类新企业是均等的，但不同新企业对同一创业机会的认识会产生差别。而且，由于新企业的素质和能力不同，利用同一创业机会获益的可能性和大小也不免产生差异。

五是创业成功依赖资源的利用与整合能力。创业机会能否被成功地开发出来，进而形成创业实践活动，通常取决于创业者掌握和能整合到的资源，以及对资源的利用能力。

知识链接7-2：蒂蒙斯创业机会筛选法

蒂蒙斯1999年提出的全面的机会筛选框架是目前国际上公认的、比较权威的和科学的评价创业机会的框架（表7.1）。

表7.1　蒂蒙斯创业机会筛选框架

标准	最高潜力	最低潜力
（一）行业结构		
1.市场 （1）需求 （2）消费者 （3）对用户回报 （4）附加值 （5）产品生命周期	确定 可以接受，愿意为此付费 小于一年的回收期 产品的附加价值高 将要开发的产品生命长久	不被注意 不容易接受 三年以上 产品的附加值低 不长久
2.市场结构	新兴行业或不完全竞争行业	完全竞争、高度集中或成熟与衰退行业
3.市场规模	市场规模大，销售潜力达到1 000万～10亿美元	不明确或少于1 000万美元
4.市场成长率	市场成长率为30%～50%，甚至更高	很低或少于10%
5.市场容量	现有厂商的生产能力几乎完全饱和	容量不足
6.可获得的市场份额	在五年内能占据市场的主导地位，达到20%以上	不到5%
7.成本结构	拥有低成本的供货商，具有成本优势	下降的成本
（二）经济因素		
8.达到盈亏平衡点所需时间	达到盈亏平衡点所需要的时间为1.5～2年	多于4年

续表

标准	最高潜力	最低潜力
9.正现金流所需要的时间	盈亏平衡点不会逐渐提高	多于4年
10.投资回报	投资回报率在25%以上	低于15%～20%
11.资本要求	项目对资金的要求不是很大，能够获得融资	对资金要求高，没有投资基础
12.内部收益率潜力	销售额的年增长率在15%以上	低于15%
13.自由现金流特征 （1）销售额的成长	有良好的现金流量，能占到销售额的20%～30%或以上	低于销售额的10%
（2）资产密集度	中等甚至更高（15%～20%）	低于10%
（3）自发流动资本	相对于销售额的比例低	高
（4）研发/资本开支	运营资金不多，资金需求量增幅不大	高要求
（5）毛利率	能获得持久的毛利，毛利率要达到40%以上	高
（6）税后利润	能获得持久的税后利润，税后利润率要超过10%	低于20%
（三）实现回报的条件		
14.增值潜力	高战略价值	低战略价值
15.退出机制和战略	存在现有的或可预料的退出方式	尚未定义
16.资本市场环境	环境有利，可以实现资本的流动	不利，信贷紧缩
（四）竞争优势		
17.固定成本和可变成本	固定成本和可变成本低	最高
18.对成本、价格和分销的控制	对成本、价格和分销的控制较高	弱
19.进入壁垒 （1）所有权保护	已获得或可获得对专利的保护	没有
（2）竞争对手	竞争对手尚未觉醒，竞争较弱	无法获得优势
（3）法律、合约优势	拥有专利或具有某种独占性	没有
（4）关系和网络	拥有发展良好的网络关系	原始、有限
（5）关键人员	拥有杰出的关键人员和A等管理团队	B等或C等管理团队
（五）管理团队		
20.创业团队	优秀管理者的组合	弱的或单个创业者
21.行业和技术经验	达到了本行业内的最高水平	未发展
22.正直	正直廉洁程度能达到最高水准	可疑的

续表

标准	最高潜力	最低潜力
23.认知诚实度	知道自己缺乏哪方面的知识	不想知道自己的不足
（六）致命缺陷		
24.致命缺陷问题	不存在	一个以上
（七）创业者的个人标准		
25.目标与匹配度	个人目标与创业活动相符合	往往出现让人惊讶的事情
26.好/差的方面	可在有限的风险下实现成功	线性的
27.机会成本	创业者能够接受薪水减少等损失	满足于现状
28.愿望	渴望创业，而不只是为了赚大钱	仅仅为了赚大钱
29.风险/回报容忍度	估算过风险	回避风险型或赌博型
30.压力承受度	创业者在压力下状态依然良好	在压力下崩溃
（八）理想与现实的战略性差异		
31.匹配度	理想与现实情况相吻合	低
32.团队	管理团队已经是最好的	B等团队
33.服务管理	有很好的服务理念	认为不重要
34.时机	所创办的事业顺应时代潮流	逆流而行
35.技术	技术具有突破性，不存在竞争	有很多替代者或竞争者
36.灵活性	具备适应能力，能快速取舍	缓慢、顽固
37.商机导向	始终在寻找新的机会	不考虑环境，对商机漠然
38.定价	定价与市场领先者几乎持平	存在低价出售商品的竞争者
39.分销渠道	可获得或已经拥有现成的网络	未知或不可获得
40.容错空间	能够允许失败	不宽容、刚性策略

　　蒂蒙斯结合机会本身的特点和企业（或企业家）的特质来综合考虑创业机会。这些指标提供了一些量化的方式，使创业者做出判断，以及这些要素加起来是否组成一个有足够吸引力的商业机会，这是一种定性方法。一个评价创业机会的框架，涉及8类指标，分别从行业结构、经济因素、实现回报的条件、竞争优势、管理团队、致命缺陷、创业者的个人标准、理想与现实的战略性差异等方面，共50多个条目的详细评价因素，对创业机会进行评估。

　　托马斯等人1996年描绘了创业机会的定性评价过程的主要步骤：

第一步，判断新产品或服务将如何为购买者创造价值，判断使用新产品或服务的潜在障碍。如何克服这些障碍，根据对产品和市场认可度的分析，得出新产品的潜在需求、早期使用者的行为特征、产品达到创造收益的预期时间。

第二步，分析产品在目标市场投放的技术风险、财务风险和竞争风险。

第三步，进行机会窗口分析，在产品的制造过程中是否能保证足够的生产批量和可以接受的产品质量。

第四步，估算新产品项目的初始投资额，使用何种融资渠道。

第五步，在更大范围内考虑风险的程度，以及如何控制和管理这些风险因素。

知识链接7-3：不同创业周期的风险评估

从创业者准备创业开始，风险就如影随形地伴随着创业企业。只有及时发现引发风险的各种隐患，识别创业风险，才能采取有效措施对风险进行防范。以下从企业家、商机、资源三方面对创业企业各阶段可能存在的风险隐患进行逐一分析。

1.创业孕育阶段（创业之前0～3年）

（1）企业家

风险关注的焦点在于企业创始人是一位致力于发展公司的真正的企业家，抑或仅仅是一名发明家、业余的技术爱好者？

在销售方面，风险关注的焦点在于创业团队是否具备企业经营所必需的销售及其结算技能，并按时制订企业计划？

在管理方面，风险关注的焦点在于创业团队是否具备必要的管理技能和相关的经验，以及在个别领域（如在财务或者技术领域等）内能否承担起领导职责？

在所有权方面，风险关注的焦点在于创业团队的各成员是否在产权界定上达成关键性决定，并做出相应的承诺？

（2）商机

风险关注焦点在于企业经营是否真正以用户、顾客和市场（需求）为导向，还是受创造欲的驱动？

在顾客方面，重点在于是否确认了每位顾客的姓名、地址、电话号码及购买力水平，或者业务是否仅仅停留在设想阶段？

在供应方面，重点考虑供应材料、零部件成本、毛利和交付周期，以及关键人员是否知晓？

在战略方面，主要考虑进入某领域的计划是毫无目的，还是有合适的定位和目标？

（3）资源

在资本方面，是否已确认了所需的资本来源？

在现金方面，企业创始人是否已经耗尽了现金和自有资源？

在企业规划方面，创业团队是已经制订妥当，还是正在进行当中？

2.启动和成活期（第0—3年）

（1）企业家

在领导层方面，最高领导的地位是否已经得到认可，还是创始人仍在争夺决策权或者坚持在所有决定上的平等地位？

在目标方面，企业创始人是否拥有一致的目标和工作作风，或者一旦企业在起步阶段受到的压力增加时是否会发生冲突或分歧？

在管理方面，企业创始人是否已预备对决策和控制权进行由企业行为向管理活动和权力放开方面的转变？该转变是按时制订企业规划的必要条件。

（2）商机

在经济因素方面，考虑顾客的经济利益和回报是否按时兑现？

在战略方面，需考虑公司是否仅有单一产品，并且不希望有所发展？还是相反？

在竞争方面，重点考察市场上是否有原先未知的竞争对手和替代品出现？

在经销方面，重点考虑按计划及时获得经销渠道是否存在意外或困难？

（3）资源

在现金方面，企业是否由于没有制订企业规划（以及财务计划）而过早地面临现金危机？也就是说，是否因为没有人考虑在什么时候会缺少现金，企业所有者的资金是否已耗尽之类的问题而使公司面临危机？

在制订企业发展时间表方面，重点考虑了企业规划的预算和时间估计数是否与实际有显著的偏差？企业是否有能力根据计划按时配置资源？

3.成长初期（第4—10年）

（1）企业家

重点考虑简单的工作还是真正的管理。企业创始人是否仍然在进行简单的工作，或者根据企业规划对结果进行管理？风险关注的焦点在于企业创始人的关注点仅仅是停留在操作层面上，或者同时进行着战略方面的认真思考？

（2）商机

在市场方面，重点考虑重复销售收入和新顾客销售收入是否按计划及时获得，以及这是由于与顾客的有效沟通，还是出于工程技术、研制与开发或者规划小组的努力？公司是否在保持成本的绝对竞争优势的基础上进行向市场导向型的转变？

在竞争方面，重点考察顾客的流失或者没有完成销售计划是否能简单地归咎于价格和质量，却忽视了顾客这一因素？

在经济效益方面，重点考虑销售毛利是否开始下降？

（3）资源

在财务控制方面，重点在于会计和信息系统以及对订单、存货、账单编制、收付货款、成本和利润分析、现金管理等的控制是否跟上了企业发展的速度，并且及时发挥了作用？

在现金流方面，重点考察公司是否总是处于现金短缺的状态——或者濒临现金短缺，以及是否有人关心企业会在何时由于何种原因而缺少现金，或者应该如何处理这种情况？

在公共关系方面，重点考察公司是否建立了持续发展所必需的外部联系网络，如与董事、公共关系联系人等的联络。

4.成熟期（第10—15年）

（1）企业家

在目标设定上，重点考虑企业与其合作伙伴在控制、目标或基本的伦理和价值观上是否存在冲突？

在个人健康状况方面，企业创始人是否发生了诸如婚姻、健康或情绪稳定性等方面的问题，如出现外遇、吸毒、酗酒或者与合作伙伴或配偶发生争斗。

在团队合作方面，重点考虑企业创始人是否对经理层的管理形成了"更高目标"的团队建设理念，还是对公司的控制方面发生了冲突或分歧？

（2）商机

从经济或竞争因素出发，重点考虑使企业顺利发展至这一阶段的产品或服务是否因其自身的易毁性、受竞争者攻击的死角、新技术的产生或者来自境外的竞争而在经济上遭受无情的打击，以及是否已有相应的应对计划？

在产品延伸方面，重点考察新产品的上市是否遭遇失败？

在企业战略方面，重点考察公司在高速成长的市场中是否由于缺乏战略性的界定（如在何种情况下应对商机有所取舍）而盲目地抓住任何商机不放过。

（3）资源

在现金方面，考虑企业是否面临现金缺乏的困难？

在发展/信息方面，重点考虑是否由于信息系统、培训和对新管理层的发展无法跟上而使企业发展失去控制？

在财务控制方面，重点考察财务制度是否落后于销售？

5.收获期/稳定发展阶段（第15年以后）

（1）企业家

在继任所有权方面，重点考虑相关机制是否已经落实，以处理管理权的更替和相当棘手的所有权问题（特别是处理家族内部的所有权问题）？

在目标方面，重点考察企业合作伙伴之间是否在个人目标、财务目标以及财产问题上开始产生冲突或分歧？企业创始人是否呈现厌倦或者疲惫不堪的状态，还是他们正在试图改变以往的观点和做法？

在创业热情方面，重点考察通过鉴别和追求商机来创造新价值的热情是否受到侵蚀，或者是否热衷于铺草皮式的低层次发展、追求地位和权力的特征，等等？

（2）商机

在战略方面，重点考察企业是否存在创新或更新的精神（如建立一个使公司销售收入的一半来自小于5年的新产品或者服务的目标），或者呈现出懒散、了无生机的疲态？

在经济因素方面，重点考察核心经济因素和商机持久性是否遭到破坏，企业的投资回报率是否降至接近同行较强企业的水平。

（3）资源

在现金方面，重点考虑是否因企业创始人不愿意，或者不同意放弃权益，而通过增加银行借款和提高财务杠杆的手段解决现金短缺的困境？

在会计方面，重点考察是否已经考虑到并着手解决会计和法律问题，尤其是它们与企业财富积累、不动产和税务计划的关系？关于企业"收获"的概念是否属于长期发展规划的一部分？

知识链接7-4：大学生选择创业机会的技巧

下面介绍一些大学生应该掌握的创业机会选择技巧：

（1）扬己之长，避己之短。不与行业强者展开硬碰硬的直接竞争，集中优势做强自身的特色。

（2）选择机会应发挥兴趣主导的优势，将兴趣爱好发展成为具有商业可行性的创业项目。

（3）在新技术研发报道、专利公告等信息面前做个有心人。新技术的出现、新产品的研制意味着生产及生活条件的改善，随之而来的是人们行为和生活方式的改变，其中很可能蕴含着大量未被开发的商机。

（4）选择过程谨慎、实践大胆。前期做好充分的调研论证工作，抓住机会并想方设法付诸实践，在实践中摸索，逐步确定发展方向。

（5）挖掘缝隙市场，查找他人创业项目的不足，思考如何改进。善于从别人的疏忽之处下手，做到"标新立异，见缝插针"。

（6）关注政府对相关产业发展的引导措施和政策扶持。政府为了更好地贯彻其产业政策，促进相应产业健康发展，通常会对相关行业采取相应的优惠政策以鼓励和引导其发展，大学生创业可以充分地考虑这些优惠政策，关注国家政策大力支持的领域。

延伸阅读7-1：创业教育之父——杰弗里·蒂蒙斯

从20世纪60年代后期开始，杰弗里·蒂蒙斯教授就一直是美国创业学教育和研究

的领袖人物之一，有"创业教育之父"的美誉。

他在创业管理、创业融资和风险投资等方面的专题研究，以及创业教育等方面被公认为世界级权威。

1985年，他设计并发起了普莱兹·百森项目，旨在通过组织成功创业者和富有经验的教师一起教学来提高教学和科研水平。

蒂蒙斯教授提出的机会价值评价框架，已经成为创业者机会选择以及风险投资机构甄选创业项目的重要标准。

延伸阅读7-2：大学生创业选择行业参考

下面介绍大学生创业选择相对集中的几个行业：

（1）高科技成果聚集行业。大学是科研成果和科技人才聚集的地方，在高科技领域创业具有得天独厚的优势。作为大学生，如果在某领域有自己的科技成果，则可以利用自己的专业背景、专利成果走科技创业的道路。常见的大学生高科技创业领域包括互联网应用开发、生物医药、新能源技术、人工智能、大数据等。

（2）智力服务。随着社会经济的发展，服务业在我们的生活中已占有越来越重要的地位。智力是大学生创业的资本，大学生在智力服务领域创办公司，应发扬自己的知识优势，选择知识性和专业性的智力服务，如翻译、信息咨询、家教培训、活动策划、设计工作等。另一方面，大学生充分利用高校资源或专业背景更容易实现自身的创业目标。

（3）创新创意产业。创意产业是指那些从个人的创造力、技能和天分中获取发展动力的企业，以及那些通过对知识产权的开发可创造潜在财富和就业机会的活动。创新创意领域的创业机会主要包括个性化礼品定制、时尚设计、互联网多媒体制作、表演艺术、出版业等。

延伸阅读7-3：创业风险规避九招

第一招：以变制胜。所谓"适者生存"，强调的就是"变"，经营者要适应外部环境的变化，随时做出调整。

第二招：出其不意，攻其不备。核心是一个"奇"字，用出奇的产品、出奇的经营理念、出奇的经营方式和服务方式去战胜竞争对手。

第三招：以快制胜。机不可失，时不再来，比对手快一分就能多一分机会。做什么都慢吞吞、四平八稳、左顾右盼的人必然会被市场淘汰，胜利属于那些争分夺秒、当机立断者。

第四招：后发制人。从制胜策略看，后发制人比先发制人更好，可以更多地吸取别人的经验，时机抓得更准，制胜把握更大。

第五招：集中优势，重点突破。这一策略特别适合于小企业，因为小企业人力、物力、财力比较弱，如果不把有限的力量集中起来很难取胜。

第六招：趋利避害，扬长避短。经营什么产品，选择什么样的市场，都要仔细掂量，发挥自己的优势。干应该干的，干可以干的；有所为，有所不为。

第七招：差异取胜。小企业的竞争不能搞正面战、阵地战，应当搞迂回战；干别人不敢干的，干别人不愿干的。

第八招：积少成多，积微制胜。"积少成多"是一种谋略，一个有远见的经营者要用"滴水穿石""聚石成山"的精神去争取每一个胜利，轻微利、追暴利的经营者未必一定成功。

第九招：以廉制胜。"薄利多销"是不少经营者的首选经营策略，其前提是能多销，"薄利少销"则不可取。

二、案例研究

案例研究7-1：经验不足导致创业失败

毕业于复旦大学企业管理系的夏小飞和家住江苏吴江的同学小梁，看准吴江是中国化纤面料重要生产基地这一优势，两人合作出资做化纤布料的中介生意。其创业的细节是：小飞扎根上海某商城，寻找客户，承接订单；小梁常驻吴江，负责解决供货渠道问题。他们初步确定，如果业务发展顺利，到2002年年底，两个人的股权按30%和70%分配。小梁的父母答应支持他们一年，公司所需的费用，每月结算后找小梁的父亲报销。

凭借参加一年一度面料展示会的后续效应，每天都有十几个客户打电话或上门找他们谈业务。与商城内竞争对手的产品相比，小飞自认为他们提供的产品质量有保证、价格又合理，应该很有竞争力。但是，一个多月过去了，没有一个潜在客户签订单。

得知此事，小梁父母帮他们分析了原因：化纤面料这个行业情况很复杂，发展到现在，国内外厂商和供应商之间的关系相对稳定。因此，就算产品质优价廉，如果缺乏业务往来也未必能争取到客户。

小飞也想过，变被动等客户上门为主动上门洽谈，以增加与客户当面沟通的机会。

但由于没有明确的目标，效果很差。为此他还草拟过销售计划，招聘业务员，但是成本会增加，遭到小梁父母的反对，只好作罢。

屡次碰壁后，小飞逐渐调整工作策略，不再有求必应，而是先跟客户充分沟通，有所选择地提供报价。6月初，小飞总算吃到了创业后的第一只螃蟹——合同金额1万多元，利润1 000元出头，紧接着又陆续签了几笔业务。7月中旬，有位台湾老板主动跟小飞接洽。这笔生意如果谈成，每月将有2万~3万元的收入。

但8月中旬，小梁突然从吴江打来电话，说家里不支持他们创业了。小飞希望能够再坚持坚持，待手头几个正在谈的单子敲定再说，但粮草已断，再坚持也是枉然。

为了创业，小飞付出了热情和艰辛，并不断从失败中总结经验教训加以改进，但低估风险和经验不足使这次创业最终以失败告终。

资料来源：创业家杂志

综合案例7-1：侯姝媛与517环岛骑行驿站

又到大学开学的日子，当学子们兴冲冲地重返校园时，重庆工商大学文新学院2013级广告学专业研二学生侯姝媛却不急着返校。此时，她在海南开设的517环岛骑行驿站正处于旺季，每月客流量达到2 000人左右，仅2~3个月就盈利15万元。

"有人说这辈子最幸福的事是一边做自己爱做的事，一边赚钱，我干的就是这样的工作。"侯姝媛感慨地说，2014年她的驿站发展得很不错，继海口之后，又在三亚开设了分店，还在文昌、博鳌、兴隆发展了3家加盟店。

侯姝媛参加完研究生入学考试的第二天，决定到海南环岛骑行，庆祝考试结束。让她没想到的是，这一次骑行还发现了商机，把爱好变成了事业。侯姝媛称，每年12月到次年3月，国内自行车爱好者喜欢到海南环岛骑游，每年这段时期约有3万骑行者云集海南，租车、住宿是必经环节，如果开设一家集环岛自行车出租和环岛青年旅舍于一体的骑行驿站，一定有市场。她放弃了骑游计划，在岛上做起了调查，发现没有一家驿站把租车和住宿结合起来。此外，如果在环岛游的线路上开设连锁店，能解决游客异地还车不便的烦恼，一定更有市场竞争力。侯姝媛将这个想法告诉了在海口经营自行车店的男朋友，两人决定先在海口开设一家租车加住宿的驿站。

2013年1月，侯姝媛在海口租了一栋毛坯别墅改造成驿站，别墅有600平方米，7间房，40个床位。一部分启动资金是她考研前上班挣的，另一部分是找姐姐借的。为了节省开支，驿站的设计、装修全靠自己解决，墙自己刷，再请朋友帮忙在墙上画画涂鸦，从租房到装修一共花了15万元。一个月后，侯姝媛的海口517环岛骑行驿站开张了，不过生意并不像想象的那样火爆，40个床位只入住了一半。"分析原因，游客来之前大都在网上订好了自行车和住宿，我们几乎没做推广，所以生意不好。"侯姝媛称。"我的专业就是广告学，在推广上可以用到所学的知识。"侯姝嫒在当地流量较大的户外论坛上发帖，介绍驿站，发一些环岛游的攻略，建立驿站QQ群。她还建了驿站的网站，发布住宿和租车信息，在QQ群里也挂上网站链接。

"加强网络推广后，驿站的房间基本上每天爆满，旺季还要提前3天才能订上房间。"侯姝嫒说，517环岛骑行驿站名气渐响。2013年6月至今，已经有文昌、博鳌、兴隆3家旅店老板主动找上门来，成为517骑行驿站加盟店。

"租车和住宿是环岛游客普遍关心的问题，517环岛骑行驿站把租车与住宿一起解决，在当地还是首创，另外异地还车也是区别于其他驿站的一大亮点。"517环岛骑行驿站博鳌加盟店负责人刘得得说，加盟后自己驿站的入住率直线上升。

2014年4月，侯姝嫒又投资近30万元，在三亚开了一家直营店。"去年我们一年挣了50多万元，现在驿站已经布满了环岛骑行线路的东线，预计5年后我们还会在环岛骑行的中线和西线开5～10家驿站，到时候骑友就会享受到我们的一站式服务。"侯姝嫒说。

资料来源：野途网

三、创业训练

创业训练7-1：比比抓手

游戏名称：比比抓手

游戏程序：

（1）将学生分成若干小组。

（2）同学们估计一只手能抓多少，并统计统一答案的人数。

（3）学生一只手抓乒乓球，看能抓多少个。

（4）看实际抓的乒乓球与估计的出入是多少。

游戏规则：

（1）不同编号的乒乓球代表不同的分值。

（2）每个人只能抓一次，时间为10分钟。

评分标准：

（1）小组成员估计抓数和实际抓数的差值的绝对值的和（越小越好）。

（2）小组成员每个人抓数的分值和（越大越好）。

表7.2　训练评估表

小组成员	估计数 A	实际数 B	绝对值（A−B）	个人分值之和
1				
2				
3				
4				
5				
小计				

互动讨论：

（1）游戏中发生了什么情况，为什么？

（2）本游戏对我们创业有何启示？

创业训练 7-2：从热点中捕捉创业机会

参考表7.3所列内容，思考并写出可能产生的新需求，并将你的具体创业思路填入表中，然后对其中的两项创业思路进行描述，要求写出项目背景（机会、适应对象）、项目特色（突出点、增值点）、项目可能性（项目实施基础、未来发展潜力）。

表7.3　社会需求及创业思路

社会热点	相应新需求	创业思路
食品安全问题	有机食品	与农村地区长期合作，建立有机无公害食品的培养基地，输入到城市中
	绿色天然食品	以知识营销为主，经销天然蔬菜及水果
	微型蔬菜园	为社区提供室内阳台，既具有观赏性又有实用价值、便利种植蔬菜的器具
	绿顶家园	与房地产公司合作，在楼房最高层提供可以培育蔬菜等绿色植物的场地
个体创业热	服务咨询	对新兴企业进行服务咨询活动，提供专业化分析
	中小企业投资	以投资为主的公司，吸收社会零散资金进行投资
	网络创业游戏	编写以各种创业为主的游戏，卖给网络社区和交流平台
运动健身热	以运动或健身为主题的体验式公园	提供运动场所、健身器具

续表

社会热点	相应新需求	创业思路
运动健身热	健身器材销售，尤其是家居健身器材	设计和经营各种健身器材，并特别针对老年人、儿童、女性和男性，还有身材偏胖的人；根据其生活习惯、运动形式、身高等设计适合其户内运动的健身器材
	以运动为主题的餐厅	选址在大型体育活动场所的周围，比如首体、鸟巢；餐厅的装修和实体设计及菜单等充分结合运动元素
旅游热	微旅游	小城市、段时间、小视角、大世界
	自驾游	提供各种自助游用具
	虚拟旅游	利用技术支持，在网上进行虚拟旅游，别有一番体验
	探险	满足居住于城市中的人们的冒险心理，进行以探险为主题的旅游，颁发相应的证书并提供培训
计算机网络热	文化传播	迎合企业自身需求，进行公共活动；帮助企业通过网络优化提升自身形象
	社区网络服务	针对城市与农村居民的水电费、养老保险、养老基金等情况建设社区网络，进行网络维护
	网络营销	营销公司，专门为各行各业进行营销活动策划及网络营销

创业训练7-3：寻找儿童和老年市场机会

参考表7.4所列的提示，对儿童和老年人市场可能产生的需求变化和商机进行市场调研，然后将相关调研结果填入表中，最后形成创业思路。

表7.4　新需求及创业机会分析表

变化因素	产生的新需求	创业机会
随着双薪家庭的比例越来越大且收入越来越高，再加上其望子成龙成凤的心态更加强烈，子女的消费成为家庭消费的重点	子女教育形式多样化，教育投资不吝啬	开办出国培训中心、语言培训、职业培训、幼儿教育、艺术特训班等
	人们对儿童健康更加关注	儿童体能训练中心，儿童健康食品、玩具
	越来越多的孩子成为独生子女，缺少兄弟姐妹等玩伴	儿童活动中心、交友乐园
	注重孩子学习消费品的市场	出售孩子用的智能学习电脑
	现在的孩子面对高压的学习环境和生存压力，心理健康越来越重要	开办以趣味性为导向的心理咨询和辅导、性格职业测试

续表

变化因素	产生的新需求	创业机会
	孩子的营养配餐	提供个性化营养餐的食谱和便利食品
	孩子应当在父母的鼓励下，学会责任和爱	开展小麦芽公益和自我拓展的培训机构
由于生活水平和医疗水平的提高，再加上国家长期实行独生子女政策，老年人占人口比重越来越高，我国已步入老龄化社会	更多的老年人开始利用时间丰富自己的知识和学习能力，活到老学到老的理念越来越受人欢迎	开办老年大学、老年活动中心及课程培训
	老年人私人医生、老年人高级护理	开办私人医生事务所、老年人高级护理事务所
	更多家庭关心老年人就医问题	开设老年人就医专区和快速通道，为老年人体检
	老年人因为身体状况，更应该注重日常餐饮	开始老年人家常餐的配餐和原材料供应
	老年人因为年老，交通出行不便	设计和改造、出售老年人交通工具，提供社区公交
	老年保健品	开拓老年人保健市场
	老年人旅游	开拓老年人旅游市场

创业训练7-4：利用奥斯本项目检查表分析创业机会

参考表7.5对照相馆/摄影店的研究，以学校打印复印社为研究对象，或以自己最熟悉的产品/服务为研究对象，利用奥斯本项目检查表进行分析，并将相关分析结果填入表中，然后描述创业机会。

表7.5　问题分析表

序号	问题项目	改什么	原因
1	是否能改变它？如功能、形状、颜色、气味、速度、成本、营业项目	增加其功能，改变其室内设计，提供更多的服务	功能及服务，改变设计以增加顾客体验性及留有深刻印象
2	是否能替代它？如采用其他材料、零部件、能源、色彩、服务等	电子照片	确实存在这些人的需求
3	是否能改善它？如更方便、更正确、更完美、更便宜、更快捷等	洗照片的时间加快，像素更高，技术更高级	突出专业优势与业余的区别

续表

序号	问题项目	改什么	原因
4	是否能放大它？如增加、加重、加厚、加长、加大、扩大、添加功能等	放大其尺寸，制作个人海报	产品单一化
5	是否能缩小它？如省去、减轻、减薄、减短、缩小、节约等	改变体积，使之变成小挂件，便于携带	让消费者DIY自己的东西
6	是否能颠倒它？如上下、左右、里外、前后颠倒等	将其裱装相框，使之变得立体化	增加艺术感
7	是否能以某种方式重组它？如增加或减少功能或环节、叠加、复合、化合、混合、综合等	将其制成个人日记、相册或者笔记的可编辑图片	增加功能性和使用价值

创业机会描述（400字以上）：

照相馆/摄影店：

首先将其定位为差异化经营，要突出创新，迎合大学生的需求及追求时尚、与众不同的感觉，并增加其体验性。认真考虑大学生的需求，将其作为最重要的目标客户。利用店址位于校内的优势，开拓业务和经营项目。其中，我有以下几个点子：

1.提高自己的技术、专业性，为顾客提供专业和过硬的技术服务。

2.进行事件营销。比如情人节、圣诞节、元旦及生日聚会等，甚至可以是9月1日开学日、四级考试日等，大学生关心的话题。以各种节日为话题，打造节日里的拍摄主题，以吸引更多顾客，主动刺激消费者产生需求。

3.开拓外景拍摄业务。与学生社团、班级活动等组织建立联系，针对特定顾客群提供专业服务。

4.制作各种DIY大小物件，增加其设计的元素及独创的方式。将照片等设计成日常生活中适用的物件，例如带有个人大头贴的日历等。

第8章 商业模式

一、知识拓展

知识链接8-1：主要市场类型

1.大众市场。是指大范围的客户群组，其价值主张、渠道通路和客户关系都基本相同。不少初创企业在定位时依然会选择大众市场，在消费类电子行业中很常见。

2.利基市场。以利基为主要目的的特定客户细分群体，是市场上暂未被满足需求的群体。这种商业模式常常出现在供应商—采购商关系中。例如，很多汽车零部件厂商严重依赖来自主要汽车生产工厂的采购。

3.区隔市场。这些客户细分有很多相似之处，但又有不同的需求和困扰，可以通过价值主张、渠道通路、客户关系和收入来源等区隔开来。如瑞士信贷拥有10万美元资产的大客户群体和拥有50万美元资产的更富有群体两种市场客户。

4.多元市场。企业具有两个或两个以上的具有不同需求和困扰的客户细分群体。如2006年亚马逊在线存储空间业务与按需服务器使用云计算业务。亚马逊以完全不同的价值主张迎合完全不同的客户细分群体。这个策略实施的根本原因是亚马逊强大的IT基础设施经营的多样化，其基础设施能被零售业务运营和新云计算服务所共享。

5.多边市场。有些企业服务于两个或更多相互依存的客户细分群体，需要双边细分群体才能运转。如信用卡公司需要大范围的信用卡持有者，同时也需要大范围可以接受信用卡的商家。同样，企业提供的免费报纸、杂志需要大范围的读者以便吸引广告，还需要广告商为其产品及分销提供资金。

知识链接8-2：创意产生的思考类型

1.资源驱动型。资源驱动型创新往往基于组织现有的基础设施或合作关系的拓展等。如亚马逊Web服务是基于亚马逊网站的零售基础设施，为其他企业提供服务器能力和数据存储空间。

2.产品/服务驱动型。该创新是以建立新的价值主张来影响其他商业模式构成要素。如西麦斯公司——墨西哥水泥制造商，承诺混凝土可以在4小时内送达施工现场，而不是行业通行的48小时。这一创新帮助西麦斯公司从一家墨西哥区域性竞争者变成世界第二大水泥生产商。

3.客户驱动型。基于客户需求、降低获取成本或提高便利性。就如同所有从单一集中点所引发的创新，来自客户驱动的创新同样可以影响商业模式的构成要素。23andMe为个人客户提供个性化DNA测试服务——这一服务以前专门提供给健康专家和研究人员，这对价值主张和测试结果的发布都有重要影响，23andMe是通过大规模定制化的Web资料来达成上述目标的。

4.财务驱动型。财务驱动创新是由收入来源、定价机制或成本结构来驱动的，同样影响商业模式的其他构成要素。1958年，施乐发明了Xerox914型复印机——世界上第一台普通纸复印机。针对市场定价太高的问题，施乐构建了一种新的商业模式。它们以每月95美元的价格出租这种复印机，包括2 000张免费复印纸，额外购买一张复印纸需要5美分。这样，获得新设备的客户每月开始成千上万地复印。

5.多中心驱动型。多中心驱动创新是多点驱动的，并会显著影响商业模式的其他构成因素。如专业的全球建筑工具制造商喜利得将自己的商业模式从彻底的销售工具转变为出租工具套件给客户。这是对喜利得价值主张的潜在变革，同时也改变了其收入来源，从一次性销售收入变成重复性的服务收入。

知识链接8-3：讲故事的技巧

要把故事讲得吸引人的技巧有许多，每种技巧也有其优势和劣势，适用于不同的场合和听众。在了解了谁是你的听众、你会出席什么场合后，再来选择一种匹配的技巧（表8.1）。

表 8.1　讲故事的技巧及其应用场景

技巧	谈话和画图	视频片段	角色扮演	文本和画图	连环图画
描述	用一幅或几幅图讲述主人公的故事及其所处环境	借助视频讲述故事及其所处环境，模糊现实与虚构的界限	让人扮演故事中主人公的角色，呈现真实具体的商业场景	用文字和图画来讲述主人公的故事和其所处环境	用一系列的连环图画来生动具体地讲述主人公的故事
何时	小组／会议报告	面向大批观众的广播或内部讨论事关财务状况的决策	有参与者介绍新设计的商业模式研讨会	面向大批观众的报告或广播	面向大批观众的报告或广播
时间／成本	低	中到高	低	低	低到中

延伸阅读 8-1：SWOT 分析详表

第一，关于优势／劣势的评估。

①价值主张评估（表 8.2）。

表 8.2　价值主张优劣势评估表

+			–
我们的价值主张与客户需求一致	⑤④③②①	①②③④⑤	我们的价值主张与客户需求不一致
我们的价值主张具有很强的网络效应	⑤④③②①	①②③④⑤	我们的价值主张没有网络效应
在我们的产品和服务间有很强的协同效应	⑤④③②①	①②③④⑤	在我们的产品和服务间不存在协同效应
我们的客户非常满意	⑤④③②①	①②③④⑤	我们经常遭到客户的投诉

注：表中数字代表 5 级量表，⑤代表最强，④代表强，③代表一般，②代表弱，①代表最弱。

②成本／收入评估主要包含商业模式的成本结构和收入来源两个构成要素（表 8.3）。

表 8.3　成本／收入优劣势评估表

+			–
我们受益于强劲的利润率	⑤④③②①	①②③④⑤	我们的利润率很低
我们的收益是可以预测的	⑤④③②①	①②③④⑤	我们的收益无法预测
我们有重复增加的营收和频繁的重复销售	⑤④③②①	①②③④⑤	我们都是一锤子买卖，没有回头客

续表

+			-
我们的收入来源是多样化的	⑤④③②①	①②③④⑤	我们的收入来源是单一的
我们先收账款再付各种支出费用	⑤④③②①	①②③④⑤	我们的收入可持续性有问题
我们卖的都是客户愿意支付的产品或服务	⑤④③②①	①②③④⑤	我们无法提供客户愿意支付的产品或服务
客户完全接受我们的定价机制	⑤④③②①	①②③④⑤	我们定价机制不合理，利润无法最大化
我们的成本是可预测的	⑤④③②①	①②③④⑤	我们的成本无法预测
我们的成本结构和商业模式是完全匹配的	⑤④③②①	①②③④⑤	我们的成本结构和商业模式并不匹配
我们的运营成本低、效率高	⑤④③②①	①②③④⑤	我们的运营成本高、效率低
我们受益于规模效应	⑤④③②①	①②③④⑤	我们的运营没有取得规模效应

③基础设施评估主要包括核心资源、关键业务和重要合作三个方面（表8.4）。

表8.4　基础设施优劣势评估表

+			-
竞争对手很难复制我们的核心资源	⑤④③②①	①②③④⑤	我们的核心资源很容易被复制
我们的资源需求是可以预测的	⑤④③②①	①②③④⑤	我们的资源需求没法预测
我们在恰当的时间合理地调配核心资源	⑤④③②①	①②③④⑤	我们在如何恰当调配资源上遇到问题
我们高效地执行关键任务	⑤④③②①	①②③④⑤	关键业务的开展效率不高
我们的关键业务很难被复制	⑤④③②①	①②③④⑤	我们的关键业务很容易被复制
我们的执行质量很高	⑤④③②①	①②③④⑤	我们的执行质量不高
很好地平衡自主业务与承包业务	⑤④③②①	①②③④⑤	内部处理的业务太多或太少
我们专心致志，必要时会寻找合作	⑤④③②①	①②③④⑤	我们专注度不够，没能充分合作
我们和重要合作伙伴的工作关系十分融洽	⑤④③②①	①②③④⑤	我们和重要合作伙伴的关系不融洽

④客户界面主要包含客户细分、渠道通路和客户关系三个方面（表8.5）。

表8.5　客户界面优劣势评估表

+			−
客户流失率低	⑤④③②①	①②③④⑤	客户流失率高
客户群体细分很合理	⑤④③②①	①②③④⑤	客户群体细分不合理
我们在持续不断地赢得新的客户	⑤④③②①	①②③④⑤	我们没能赢得新客户
我们的渠道通路运作非常高效	⑤④③②①	①②③④⑤	我们的渠道通路运作效率不高
我们的渠道通路设置十分合理	⑤④③②①	①②③④⑤	我们的渠道通路设置不甚合理
渠道通路与客户群是强接触	⑤④③②①	①②③④⑤	渠道通路与潜在的客户群是弱接触
客户很容易就能看到我们的渠道通路	⑤④③②①	①②③④⑤	潜在客户未能注意到我们的渠道
我们的渠道通路整合得很好	⑤④③②①	①②③④⑤	我们的渠道通路没有很好地整合
渠道通路创造了范围效应	⑤④③②①	①②③④⑤	渠道通路设施没能创造出范围效应
渠道通路与客户细分群体完全匹配	⑤④③②①	①②③④⑤	渠道通路没能与客户细分群体匹配
良好的客户关系	⑤④③②①	①②③④⑤	我们的客户关系薄弱
客户关系品质与客户细分群体相匹配	⑤④③②①	①②③④⑤	客户关系品质未与其细分群体匹配
转移成本较高，容易锁定客户	⑤④③②①	①②③④⑤	客户的转移成本很低
我们的品牌很强	⑤④③②①	①②③④⑤	我们的品牌实力不强

第二，关于威胁的评估。

①价值主张受到威胁（表8.6）。

表8.6　价值主张威胁评估表

−	
市场上存在我们产品或服务的替代品吗？	①②③④⑤
竞争对手正在试图提供价格更低、价值更高的产品或服务吗？	①②③④⑤

②成本/收入评估主要包含商业模式的成本结构和收入来源两个构成要素（表8.7）。

表8.7　成本/收入威胁评估表

−	
我们的利润率受到来自竞争对手的威胁吗？是由技术引起的吗？	①②③④⑤
我们是否过于依赖一种或几种收入来源？	①②③④⑤
哪种收入来源可能会在将来消失？	①②③④⑤
哪种成本可能会在将来变得不可预测？	①②③④⑤
哪种成本可能会快速增加，以至于我们的收入无法承担？	①②③④⑤

③基础设施评估主要包含核心资源、关键业务和重要合作三个方面（表8.8）。

表8.8　基础设施威胁评估表

－	
我们会遭遇某些资源的供应中断吗?	①②③④⑤
我们资源的质量在某种程度上受到威胁了吗?	①②③④⑤
哪些关键业务可能会遭遇中断?	①②③④⑤
我们业务的质量在某种程度上受到威胁了吗?	①②③④⑤
我们会有失去合作伙伴的危险吗?	①②③④⑤
我们的合作伙伴会与我们的竞争对手合作吗?	①②③④⑤
我们是否过于依赖某个合作伙伴?	①②③④⑤

④客户界面主要包含客户细分、渠道通路和客户关系三个方面（表8.9）。

表8.9　客户界面威胁评估表

－	
我们的市场可能会迅速饱和吗?	①②③④⑤
我们的竞争对手是否威胁到我们的市场份额?	①②③④⑤
我们的客户会如何弃我们而去?	①②③④⑤
我们所在市场的竞争会以何种速度加剧?	①②③④⑤
我们的竞争对手威胁到我们的渠道通路了吗?	①②③④⑤
我们的渠道通路是否处在被边缘化的境地?	①②③④⑤
我们的某些客户关系是否正在恶化?	①②③④⑤

第三，关于机会的评估。

①价值主张中的机会（表8.10）。

表8.10　价值主张机会评估表

＋	
我们可以将产品转化成服务来获得重复增加的营收吗?	①②③④⑤
我们能更好地整合我们的产品或服务吗?	①②③④⑤
我们还可以满足哪些额外的客户需求?	①②③④⑤
还存在与我们的价值主张互补或可衍生的产品或服务吗?	①②③④⑤
在为客户服务的过程中，我们还可以为客户做哪些工作?	①②③④⑤

②成本／收入评估主要包含商业模式的成本结构和收入来源两个构成要素（表8.11）。

表8.11 成本／收入机会评估表

+	
我们可以将一次性交易收入转换成经常性收入吗？	①②③④⑤
还有什么产品或服务是客户愿意付费的？	①②③④⑤
在我们内部或者合作伙伴那里有没有交叉销售的机会？	①②③④⑤
我们还能增加或创造其他收入来源吗？	①②③④⑤
我们能否提高价格？	①②③④⑤
我们在哪个环节可以削减成本？	①②③④⑤

③基础设施评估主要包含核心资源、关键业务和重要合作三个方面（表8.12）。

表8.12 基础设施机会评估表

+	
我们能否在保持相同结果的同时，使用成本更低的资源？	①②③④⑤
哪种核心资源从合作伙伴那里获取效果会更好？	①②③④⑤
哪种核心资源没有得到充分利用？	①②③④⑤
我们有没有未使用过的有价值的知识产权？	①②③④⑤
我们可以对某些关键业务实施标准化流程吗？	①②③④⑤
我们该如何从整体上提高效率？	①②③④⑤
IT技术支持能够提高效率吗？	①②③④⑤
是否存在业务外包的可能？	①②③④⑤
与合作伙伴更深入的合作是否有助于我们更专注核心业务？	①②③④⑤
在我们与合作伙伴的关系中存在交叉销售的机会吗？	①②③④⑤
我们的合作伙伴的渠道通路可以帮我们接触新客户吗？	①②③④⑤
我们的合作伙伴能够补充我们的价值主张吗？	①②③④⑤

④客户界面主要包含客户细分、渠道通路和客户关系三个方面（表8.13）。

表8.13 客户界面机会评估表

+	
我们该怎样利用日益壮大的市场？	①②③④⑤
我们能服务新的客户细分群体吗？	①②③④⑤

续表

+	
我们能通过更精细的客户细分群体来提供更好的服务吗？	①②③④⑤
我们该如何改善渠道通路的效率和效能？	①②③④⑤
我们能否更好地整合渠道通路？	①②③④⑤
我们能从合作伙伴那里发现具有互补性的渠道通路吗？	①②③④⑤
我们可以直接服务客户来提高利润率吗？	①②③④⑤
我们能否更好地平衡渠道通路与客户细分群体间的关系？	①②③④⑤
在针对客户的售后服务上，是否还有改进的空间？	①②③④⑤
我们应如何加强与客户的关系？	①②③④⑤
我们能在服务的个性化上加以改善吗？	①②③④⑤
我们应该怎样提高客户的转移成本？	①②③④⑤
我们是否已经发现并放弃了没有收益的客户？如果没有，为什么？	①②③④⑤
我们需要自主化一些关系吗？	①②③④⑤

二、案例研究

创业案例8-1：基于亚马逊案例的故事讲述

1. 亚马逊的基本情况介绍

（1）订单执行（处理）服务

（2）IT设施与软件开发维护

（3）IT设施和软件

（4）订单处理系统／仓储配送系统

（5）技术和内容

（6）订单执行（处理）服务（市场营销）

2. 电子商务情况

（7）在线销售商店

（8）Amazon.com网站

（9）消费市场

（10）主要利润来源：销售利润

3.基础设施情况

（11）亚马逊网站服务：S3，EC3，SQS，其他Web服务

（12）APIs

（13）公司和开发组

（14）费用情况：公司效能费用

视角一　公司视角的故事设计

Ajit，32岁，高级IT经理，亚马逊公司IT经理。Ajit在亚马逊公司已经工作了9年多。他和同事们在过去的几年里开了无数夜车，开发出了业内一流的IT系统，支持维护公司的电子商务业务。

Ajit对他的工作感到自豪。和其他订单处理系统（1，6）一起，亚马逊强大高效的IT系统和软件开发能力（2，3）为公司庞大的在线零售业务（7）奠定了坚实的基础，公司在线业务已经从书籍扩展到家居产品。在2008年，亚马逊网（8）上购物（9）的点击量就超过5亿次。几年来，亚马逊在技术和内容（5）上的累计投入也超过了5亿美元，其中绝大部分用在了电子商务上。令Ajit兴奋的是，公司业务范围已经远远超出了其传统的零售业务，亚马逊正在发展成为电子商务领域最为重要的系统提供商之一。亚马逊通过简单存储系统（Amazon S3）（11）为其他公司提供价格极为低廉的在线数据存储服务。类似地，亚马逊将其开发的弹性云计算技术（Amazon EC2）（11）提供给外部客户使用。

外部人员认为亚马逊这样做正在转移其在核心业务上的专注力，Ajit非常理解这一看法。但对于一个公司的内部员工而言，这种业务的多元化实在是顺理成章、理所当然的事。Ajit还记得四年前，他所在的小组投入大量的时间、精力来整合、负责公司IT系统的网络工程小组和负责公司多个关联网站的程序应用小组。为此，他们决定在这两层结构间，建立一层被叫作程序应用界面（API.S）（12）的中间层，这样可以极大地方便程序应用小组在公司IT系统上的工作。Ajit至今还清楚地记得他们是什么时候意识到这种界面不仅适用于公司内部，对外部客户也十分有用。在杰夫·贝索斯的领导下，亚马逊决定开辟出一块能为公司带来巨大收入来源的新业务。随即，亚马逊开放了其程序应用界面，把亚马逊Web服务以收费的方式（14）提供给外部客户。由于亚马逊本身业务就需要去设计、建立、实施和维护这些系统，把它们提供给第三方使用自然也就不是外界传闻的"术业不专"了。

视角二　客户视角的故事设计

兰迪，41岁，网络创业者。在兰迪整个职业生涯里，长期困扰他的一个问题就是如何恰当地投资网络基础设施。在为企业客户提供服务时，最好能有一套强有力的IT系统来支持公司业务运行。这也解释了当兰迪在亚马逊工作的朋友告诉他亚马逊新推出的IT系统业务时，他为什么会如此地兴奋和着迷。亚马逊推出的新服务解决了一直困扰兰迪的难题：将他提供的服务建立在一流的IT系统上，而且还能随时调整业务规模，但只支付公司实际使用的系统设施。这就是亚马逊Web服务（11）所真正提供给客户的产品。借助亚马逊的快捷存储系统（Amazon S3），兰迪可以通过亚马逊程序应用界面（API）（12）接入其主体系统，将公司的应用程序存储在亚马逊的服务器上。亚马逊的弹性云计算技术也是如此。

兰迪不必建立和维护自己的系统就能提供企业应用服务。他要做的仅仅只是接入亚马逊系统，使用其强大的计算能力，并按时间支付一定的服务费（14）而已。他立刻明白为什么提供这些价值的是一家电子零售巨人，而非IBM或埃森哲。为了在全球范围内每天不间断地为亚马逊在线零售业务（7）提供服务，亚马逊建立并维护着庞大的IT基础设施（2，3，5），这也是它的真正核心竞争力。而更进一步地把这套系统提供给其他企业（9），对公司也没造成什么巨大的资源消耗。自从亚马逊涉足利润率极低（11）的零售业以来，低成本（5）高效率运作一直是其商业理念，这也解释了为什么它的Web服务价格会如此低廉。

资料来源：亚历山大·奥斯特瓦德，伊夫·皮尼厄. 商业模式新生代［M］. 王帅，毛心宇，严威，译. 北京：机械工业出版社，2011.

综合案例8-1：gDiapers商业模式解析

gDiapers生产出100%的生物降解且能在马桶中冲掉的一次性婴儿尿不湿。他们的商业模式是：

1.收入模式

他们将gDiapers的产品直接卖给杂货店，或是销售给连锁零售商，或者通过网站gDiapers.com进行在线销售。零售商大批量订购并有退货的权利；消费者订购起始包并且可以购买填充包——大约50美元一次。他们关注产品、包装的设计及营销，而把生产外包给固定的供应商，并由供应商将成品运输到公司总部。

2.人员模式

关键能力包括设计、在两个不同领域进行创新性的市场营销（渠道营销和线上营销）及供应链管理。这些技能都属于组织内部技能。此外，他们通过供应链上的合作伙伴关系获得工艺设计方面更多的能力。gDiapers的独特性在于其生产的一次性尿不湿不仅风格独特，并且100%生态环保。同时，他们与一大批忠诚和热情的在线客户保持着良好的关系，这有助于开拓他们的销售渠道，并且在线销售产品。

这显然只是gDiapers生意的一个概览，是作为成功者必须掌握的关键部分的冰山一角。然而，犹如一幅地图一样，你必须对公司面临的风险以及机遇有一个极其清晰的了解。商业计划就是一个关于设计的练习，既包括有意识的设计，也包括与不同的人合作而迸发出新的想法。商业计划所包含的要素（收入运营、人员及独特性）就像是方程式中的变量，当你进行设计的时候，你可以赋予它们不同的变量值。商业计划需要构思多种备选方案，并且从潜在的合作伙伴中为这些方案提供思路。

3.销售模式

（1）向连锁店销售品牌产品；

（2）通过批发销售，不针对个体客户；

（3）只采用网上销售模式。

4.运营模式

（1）进行全产业链整合，从设计—生产—营销—销售都是自己承担；

（2）采用网络营销以及订单式服务；

（3）把配送委托给零售商，不直接操作；

（4）从不同国家的同类供应商进货。

5.人员模式

（1）在线营销所需要的人才；

（2）针对零售商的渠道建设；

（3）开裆裤产品的设计（产品造型设计）；

（4）关于生产线的技术专家（产品生产的核心设计）。

6.独特性

（1）客户在线定制短裤；

（2）通过店铺品牌宣传以促进经销渠道的采纳；

（3）有区别地专注于"生态环保"；

（4）重视风格与功能性；

（5）定位于布尿布，而非一次性尿布。

这个清单可以无限制地列下去，而且富有创意。我们列出的仅仅是一些合理选择的例证。这些选择可以充实细化gDiapers的商业计划，但是不一定会实现。至于在商业计划中应该包含哪些或者不应该包含哪些，则是商业计划的核心部分。我们希望，本书之前的章节可以帮助读者有条理地做出选择，并且在事实上与你的潜在客户、合作伙伴及员工的偏好与期望紧密联系。总之，商业模式是商业计划的核心内容。

资料来源：百度学术

三、创业训练

创业训练8-1：小轿车推理

游戏名称：小轿车推理

游戏说明：

（1）在一张长桌子旁坐着A、B、C、D四个人，从左至右依次为A、B、C、D，根据下列描述推断谁有小轿车。

（2）A穿蓝衣服；穿红衬衫的有自行车；D有摩托车；C靠着穿绿衬衫的人；B靠着有小轿车的人；穿白衬衫的人靠着有摩托车的人；有三轮车的人离有摩托车的人最远。

请问你的答案是什么。阐述你的推理过程和依据。

创业训练8-2：未来情景的推测与新型商业模式

作为一种思维工具，情景推测可以帮助我们反思未来的商业模式。通常可以选择两个或多个能够衡量未来发展趋势的维度来设计四组或多组情景图，每种设计的情景都加上标题，并用简短而形象的描述性词语突出主要元素，针对不同情景选择对策或重构商业模式。

其主要步骤包括：

首先，就两个或多个主流衡量标准，设计出一组未来情景图。

其次，以故事的形式讲述每一幅情景图，对它们的主要特点和要素做一个概述。

再次，针对每种情景，设计出一种或多种恰当的商业模式。

下面以制药业为例，练习如何分析未来情境，推测如何与商业模式结合。

制药行业面临着如何设计出变革型商业模式的巨大压力，一些大公司的研发效率下降，作为其传统的核心业务，研发和推广新的畅销药面临着巨大的挑战，更糟糕的是，他们的许多拳头药物的专利快要到期了。新产品缺乏、收入来源剧减，这深深困扰着现在的制药企业。

我们必须设计出一组描绘未来制药行业的情景。该任务最好让配备专业工具和方法的专家来负责。

为了阐述方便，我们按照两个标准设计四组未来10年的药品行业情景图（图8.1）。

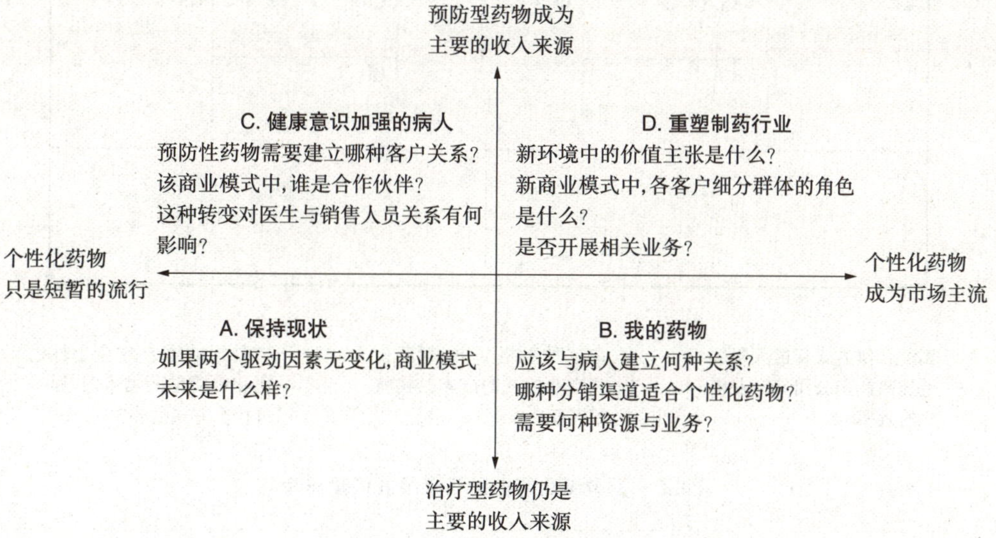

预防型药物成为
主要的收入来源

C. 健康意识加强的病人
预防性药物需要建立哪种客户关系?
该商业模式中,谁是合作伙伴?
这种转变对医生与销售人员关系有何
影响?

D. 重塑制药行业
新环境中的价值主张是什么?
新商业模式中,各客户细分群体的角色
是什么?
是否开展相关业务?

个性化药物
只是短暂的流行

个性化药物
成为市场主流

A. 保持现状
如果两个驱动因素无变化,商业模式
未来是什么样?

B. 我的药物
应该与病人建立何种关系?
哪种分销渠道适合个性化药物?
需要何种资源与业务?

治疗型药物仍是
主要的收入来源

图8.1　制药行业未来商业模式构想

我们选择了两个驱动因素：①个性化药物的出现；②从治疗到预防的转变。

基于这两个驱动因素，构建四幅不同的情景推测：

A. 保持现状：个性化药物没有成功，尽管技术上可行，但涉及个人隐私等问题，治疗药物还是主要的业务收入来源。

B. 我的药物：个性化药物获得成功，但治疗型药物仍然是主要的收入来源。

C. 健康意识加强的病人：转向预防型药物的趋势还在继续，个性化药物尽管技术上可行，但只是短暂地流行了一段时间。

D. 重塑制药行业：个性化和预防性药物构成制药行业新的增长点。

个性化药物的出现和对预防型药物概念的逐渐认同，彻底颠覆了传统制药行业的商业模式。这两个趋势对制药行业的核心资源和关键业务产生了重要影响。它们改变了制药公司与客户之间的关系，在收入模式的设计上也带来了巨大变化。

通过商业模式画布，可以进行如图8.2所示的构思。结合情景推测法进行商业模式创新的目的，在于帮助公司更好地应对未来的发展。即使面对一个难度极大的问题，这种过程也能帮助促进有意义的讨论，因为它迫使参与讨论者依据客观事实投射到未来的场景中。

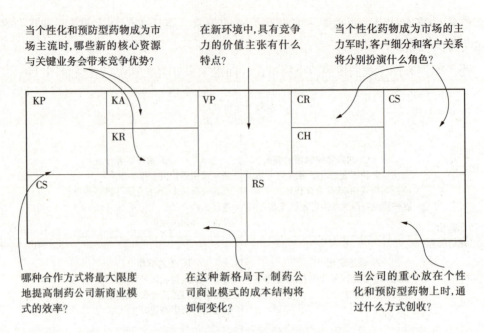

图8.2　重塑制药行业的商业模式构建思考

创业训练8-3：移情图使用方法

首先，找出与你商业模式中可提供服务的客户细分群体，然后选出三个有希望的候选人，开始分析：先做简单的人口特征统计，如收入、婚姻状况等，通过询问和回答以下6个问题，在活动挂图白板上描述用户特征。

问题1：她看到的是什么？

——描述客户在她所处的环境中看到了什么？环境看起来像什么？谁在她周围？谁是她的朋友？她每天接触什么类型的产品或服务（相对于所有产品或服务）？她遭遇的问题是什么？

问题2：她听到的是什么？

——描述客户所处环境是如何影响客户的？她的朋友说什么？她的配偶呢？谁能够真正影响她？如何影响？哪些媒体渠道能影响她？

问题3：她真正的想法和感觉是什么？

——设法描述客户想的是什么？对于她来说，什么是最重要的（她可能不公开说）？想象一下她的感情。什么能感动她？什么能让她失眠？试着描述她的梦想和愿望。

问题4：她说了什么又做了什么？

——想想这位客户可能会说什么或者在公开场合可能的行为？她的态度是什么？她会给别人讲什么？要特别留意客户所说的与她真正的想法和感受之间的潜在冲突。

问题5：客户的痛苦是什么？她最大的挫折是什么？

——在她和她想要什么或希望达到的目标之间有什么障碍？她会害怕承担哪些风险？

问题6：客户想得到什么？

——她真正想要和希望达到的目标是什么？她如何衡量成功？推测一些她可能用来实现目标的策略。

创业训练8-4：应用商业画布厘清商业逻辑

请应用商业模式画布厘清校园打印店、餐饮店、书店或咖啡屋的商业逻辑，要求按照顺序回答商业模式画布的9个要素的内容是什么，然后将这9个问题写成商业逻辑非常清晰的一段话。

图8.3 商业模式画布

创业训练8-5：京东商城开发商业模式分析

通过下列案例分析京东商城的商业模式。

在消费电子市场，京东商城犹如一个新物种，这家成立6年的垂直B2C平台，其发展如同坐上了高速列车。据该公司公布的数据显示，京东商城自2005年上线以来，已连续5年保持每年300%以上的营收增速。销售额由2006年的1 000万元飙升到2007年的3.6亿元，2008年则达到了13.6亿元。2009年营业额近40亿元，接近2008年收入的

3 倍。它的成长甚至引起了家电零售业巨头国美和苏宁的"不安"，苏宁电器 CEO 孙为民曾公开表示对京东商城的密切关注。要知道，要获得这个市场的规模，传统模式是投资开店或者进行并购，苏宁推崇的是前者。从 1990 年创立至今，苏宁花了近 20 年时间，开设了 800 多家连锁店；国美则通过大规模并购方式获得规模，确立了市场龙头地位。

尽管京东商城在两家家电零售巨鳄面前仍然是个"小人物"，但是其借助互联网的飞速成长却正在触动传统老大哥们的神经。在创立京东商城之前，刘强东创立的公司曾是全国最大的光磁产品零售商，在全国开设了 12 家门店。但是 2003 年非典袭来，令刘强东积累 5 年的生意陷入低谷。为了寻找出路，刘强东和留下来的同事在各大 IT 网站论坛发帖子，组织团购，没想到网上的生意异常火爆，这让他意识到互联网零售非常有前景。2004 年，刘强东正式决定在网上销售消费类电子产品，因为他认识到网络这个轻资产的销售渠道可以节省大笔建门店的资金，而且是一个信息透明化的环境，这在消费类电子产品的销售中至关重要。但凡去过中关村卖场的消费者都有过这样的经历：很容易就在林林总总的柜台前迷失了，即便是相同型号的产品，不同店铺价格也不同，消费者需要花大量时间去鉴别产品的真伪，还要辨别价格是否最低。往往在看过几款型号后，消费者稍不注意就会被店家忽悠，以超出市场价几百甚至数千元的钱买回一款产品。刘强东深谙消费者心理，于是他花费大量精力建立了一个具有公信力的购物平台，他认为这是优化客户体验的基础。与传统卖场相比，京东商城销售的产品价格至少便宜 20% 左右，这是因为它没有实体店，运营成本更低。在这个信息透明的互联网平台上，跨地域的消费者能清楚地查看各种产品的价格、网友评价，他们能以低成本获取各种产品信息和价格信息，不必再像以前那样在吵闹的实体卖场"货比三家"；最重要的是，他们与京东商城之间，在这个互联网平台上有了双向透明的信息沟通机制。

与产品鱼龙混杂的中关村卖场，以及其他 C2C 平台相比，京东商城所有的商品都是正品，并且可以享受到与传统店面一样的售后服务。如果消费者对产品质量有质疑，不仅可以找品牌商的售后服务部门投诉，也可以找京东商城投诉。在建立具有公信力购物平台的基础上，刘强东把京东商城的业务流程延伸至商品流通的全价值链，通过掌握货物的进销存，避免了水货和假冒伪劣产品，从而打造了一个全中国最大的在线 3C 产品的渠道品牌。

表 8.14 描述了京东商城的商业模式。

表 8.14　京东商城商业模式

构成要素	内容	商业模式具体化
战略选择	使命	让购物变得简单、快乐
	目标市场	立志做中国最大、全球前五强的电子商务公司。京东商城将在不远的将来努力发展成为一个百亿规模的大型专业 3C 网购平台

续表

构成要素	内容	商业模式具体化
战略选择	产品/服务	家用电器、汽车用品；手机数码；电脑、软件、办公用品；家居、厨具、家装；服饰鞋帽；个护化妆；钟表首饰、礼品箱包；运动健康；母婴、玩具、乐器；食品饮料、保健品十大类。其中，以家用电器、手机数码、电脑商品及日用百货四大类为主。京东商城提供了灵活多样的商品展示空间，消费者查询、购物都将不受时间和地域的限制。依托多年打造的庞大物流体系，消费者充分享受到"足不出户，坐享其成"的便利，并且提供"价格保护""延保服务"
	差异化基础	主要发展 3C 网购平台，以多样化的电子产品作为电子商务的主营业务。中国 B2C 市场最大的 3C 网购专业平台
创造价值	核心能力	1.产品价格更低廉 2.物流服务更快捷 3.在线服务更周全 4.售后服务更全面
	优势资源	1.诚信、客户为先、激情、学习、团队精神、追求卓越的企业家精神 2.强大的物流体系 3.完善的支付手段 4.成熟的客户关系管理 5.供应链体系
	过程/活动	注册、查找商品、放入购物车、提交订单、查看订单状态、售后评价
价值网络	供应商	与各大电子产品的供应商，如宏碁、戴尔、富士通等主流电脑品牌厂商分别签署了独家首发、旗舰店计划；还包括索尼、TCL、三星等在内的家电、通信厂商。除此之外，还有其他产品的供应商
	合作伙伴	全球最大的管理咨询和技术服务供应商埃森哲、新浪微博、新赛季 CBA 联赛等
	信息流	供应商、顾客、商家
	目标客户	1.需求：计算机、通信、消费类电子产品的主流消费人群 2.年龄：顾客主要为 20～35 岁人群 3.职业：公司白领、公务人员、在校大学生和其他网络爱好者
价值实现	成本、理财、利润	实现盈利的途径有四种： 1.直接销售收入、赚取采购价和销售价之间的差价、在线销售的产品 2.虚拟店铺出租费，包括店铺租金、产品登录费、交易手续费 3.资金沉淀收入。利用收到顾客货款和支付供应商的时间差产生的资金沉淀进行再投资从而获得盈利。京东商城上第三方支付平台有财付通、快钱和支付宝 4.广告费

续表

构成要素	内容	商业模式具体化
价值实现	销售实现与支持	1.网络平台的构建 2.供应商的来源 3.网络技术的支付手段 4.物流配送 5.售后服务

第9章　创业资源

一、知识拓展

知识链接9-1：企业主要融资渠道

1.担保贷款

根据担保方式的不同，担保贷款可以分为抵押贷款、质押贷款和保证贷款。

（1）抵押贷款是指抵押贷款人按《中华人民共和国担保法》所规定以其自有的或第三人的财产作为抵押物发放的贷款。在抵押期间，财产所有权人可以继续使用用于抵押的财产。当借款人不按合同约定按时还款时，贷款人有权依照有关法规将该财产折价或者拍卖、变卖后，用所得钱款优先得到偿还。可用作抵押财产的有：抵押人有权自主支配的房产和其他土地上定着物；抵押人依法取得的国有土地使用权；贷款人认可的其他财产；专利权、著作权等无形资产也可向银行申请抵押贷款。

（2）质押贷款是指借款人按《中华人民共和国担保法》所规定以其自有的或第三人的动产或权利为质押物发放的贷款。可作为质押的质物包括国库券（国家有特殊规定的除外）、国家重点建设债券、金融债券、AAA级企业债券、储蓄存单等有价证券。

（3）保证贷款是指贷款人按《中华人民共和国担保法》规定以第三人承诺在借款人不能偿还贷款本息时按规定承担连带责任而发放的贷款。保证人为借款提供的贷款担保为不可撤销的全额连带责任保证，也就是贷款合同内规定的贷款本息和由贷款合同引起的相关费用。保证人还必须承担由贷款合同引发的所有连带民事责任。保证人可以是自然人，也可以是专业担保公司。

2.创业担保贷款

"针对有创业要求、具备一定创业条件但缺乏创业资金的就业重点群体和困难人员，提高其金融服务可获得性，明确支持对象、标准和条件。鼓励金融机构参照贷款基础利率，结合风险分担情况，合理确定贷款利率水平，对个人发放的创业担保贷款，由财政给予贴息。"

3.票据贴现

对于那些缺乏担保条件的小企业，如果手中持有未到期的商业票据，可以考虑向银行申请票据贴现。票据贴现是指借款人将未到期的商业票据（银行承兑汇票或商业承兑汇票）转让给银行，取得扣除贴现利息后的资金。如果其间急需资金，企业利用票据贴现进行融资远比申请贷款手续简便，而且融资成本相对较低。

4.综合授信

商业银行对一些经营状况好、信用可靠的企业，授予一定时期内一定金额的授信额度。企业在有效期与额度范围内可循环使用。综合授信额度由企业一次性申报有关材料，银行一次性审批。企业可以根据自己的运营情况分期使用贷款，随借随还。企业借款十分简便，也节约了融资成本。

5.财政贴息贷款

贴息贷款主要用于支持产品具有较高技术水平，需要中试或扩大规模、形成批量生产及产业化、银行具有贷款意向的项目。贷款贴息一般按申请贷款额年利息的50%～100%给予补贴。如果新创企业属于国家重点支持的高新技术领域（电子信息技术、生物与新医药技术、航空航天技术、新材料技术、高技术服务业、新能源及节能技术、资源与环境技术、高新技术改造传统产业），符合《高新技术企业认定管理办法》有关规定，可以通过这一渠道寻求创业资金。

6.项目开发贷款

商业银行对拥有成熟技术及良好市场前景的高新技术产品或专利项目的中小企业，以及利用高新技术成果进行技术改造的中小企业，通常会给予积极的信贷支持。

7.自助贷款

自助贷款是指中小企业可一次质押（抵押）、反复使用。它包括两种形式：存单质押和房地产抵押。通过评估企业在银行的质押或抵押物，银行给予企业一定的授信额度，在约定期限内企业根据授信额度可以反复进行贷还款操作。

8.消费贷款

创业者也可灵活地将个人消费贷款用于创业。只要抵押手续符合要求，借款人不违法，银行不会限制贷款用途。在办理消费贷款时，抵押贷款金额一般不超过抵押物评估价的70%。

延伸阅读9-1：三步搞定资源拥有者

第一步，识别利益相关方及其利益。谁是你所需资源的所有者？他凭什么要把资源给你？建立在商业基础上的友谊远比建立在友谊基础上的商业可靠得多。这一步的

关键在于找到对方的利益关注点，并说服对方接受你将通过何种形式满足其利益诉求。

第二步，构建共赢机制。共赢是指需要创业者制订相关制度，比如股权、分红以及决策等方面的制度，其中最关键的是打消对方的疑虑。20世纪80年代太阳公司从科研工作站市场转战企业市场时，一家著名公司的主管曾亲口拒绝太阳公司："你现在是在跟阿波罗竞争。阿波罗是业内优秀的公司，管理良好，产品稳定，你们是一家才开始创业的小公司，即使我很喜欢你们的技术，但我担心你们不够稳定。"当时太阳公司的创始人立即承诺了三件事：首先，公司团队进驻研发技术部以示合作诚意和信心；其次，公司两年内不收钱直到系统稳定运行；最后，比阿波罗提供更有竞争力的价格。就是通过这样的方式降低对方的风险，给对方吃下一颗定心丸，太阳公司才获得进入市场的资格。

第三步，持续实施达成信任。共赢机制需要反复实践，以逐步建立相互之间的信任关系。比亚迪公司是靠手机电池起家的。当时摩托罗拉等国外知名手机品牌需要在本地寻找稳定、可靠的电池供应商。比亚迪的电池技术客观地讲还不够成熟。为了获得摩托罗拉的信任，比亚迪除了按时交货，公司CEO王传福还大胆承诺，电池在使用过程中如果出现报修或者退换，成本由比亚迪承担，从而与国际大厂建立起长期的信任关系。

延伸阅读9-2：创业活动准备"三阶段"

第一阶段是体验创业。这个阶段不会设立什么公司，投入什么本钱，主要是因地制宜地做一些商业活动。比如出售旧书、出租影碟、提供学生喜欢的方便食品，买卖一些学生用品赚取差价，利用同一商品在不同地域的价格差异进行一些"倒卖活动"等，从中体会一些商业精神，学习许多商业游戏规则，以及找到自己所学知识和各种素质在处理社会问题中的优缺点。

第二阶段是学习创业。很多人对第一阶段的活动浅尝辄止，但有的人可能在此基础上得到启发，发现其中可能蕴藏商机，便在此基础上进一步寻找商机，包括几个志同道合者参加创业大赛，或者模拟公司运作。因此成立团队，开展市场调研，进行管理和策划，了解和学习未来商业社会上的各种游戏规则，学习如何适应团队的合作运行方式，学习解决商业市场难题的方式，学习开发自身商业潜能的途径，学习一些财务、管理、营销知识。

第三阶段是实际创业。前两阶段磨合已经使你拥有最好搭配的创业团队，而打下的良好基础可以保证你们能够发挥出自身最好的资源优势。如果有了好项目，只要学习必要的公司运营所需的规则和全面了解一些准备创业的市场情况就可以进行实际创业。

延伸阅读9-3：零资源的创业人

"零资源现象"——浙江人甘于吃苦、敢于冒险、敢赚天下人不敢赚的钱，创造了许多让世人惊叹的经济现象：东阳不产木材，却有全国最大的木雕产业；嘉兴不产羊毛，却有称雄国内的羊毛批发市场……于是，有人把这种经济现象称为"零资源现象"。

浙江人创造的"零资源现象"靠的是什么？靠的是散布在全国乃至世界各地的浙江从商大军。浙江人形容自己："高山峡谷有小城，有城就有浙江人。"正是这支商业大军缔造了庞大的无形市场，把浙江的产品推向海内外，把海内外的信息汇集到浙江。我们需要像浙江人那样去孵化优势、创造优势，才能产生让人惊叹的"零资源现象"。

延伸阅读9-4：民营企业家创业五大困境

困境一：想把企业做强做大，但缺少很多资源，更缺乏一套将所缺资源整合起来的思维和方法。

困境二：有好项目，但缺少政府资源、银行资源、资金资源、媒体资源等高端人脉资源。

困境三：想把企业做得更强更大更轻松，但缺少优秀人才。

困境四：有好产品、有大市场，客户需求也强烈，但缺营销、品牌、渠道团队。

困境五：人力资源成本增加、原材料成本增加、人民币升值、人工成本增加、价格战导致同行竞争加剧、利润空间大幅度减小。

延伸阅读9-5：政府相关机构设立的扶持基金

目前，由国家各部委设立的扶持基金主要包括：

1. 前科技部863计划、火炬计划、中小企业科技创新基金等。

2. 前商业部的外资发展基金、中小企业国际市场开拓资金项目计划。

3. 财政部的利用高新技术更新改造项目贴息基金、国家重点新产品补助。

4. 国家发展和改革委员会的产业技术进步资金资助计划、节能产品贴息项目计划。

5. 前信息产业部的电子信息产业发展基金等。

各级地方政府也从地方财政拨款设立专项资金计划，支持中小企业发展。主要有小企业担保基金专项贷款、中小企业贷款信用担保、开业贷款担保、大学生科技创业

基金、下岗再就业小额扶持贷款等。政策优惠主要涉及创业贷款、担保及贴息等。

　　除各类基金外，中央和地方政府还提供多项鼓励创业的优惠政策，如政策性担保融资、国家对各地高新技术产业开发区的相关优惠政策、归国留学生创业园区、由各地政府主办或由企业主办而由国家"给政策"的创业孵化器等。

延伸阅读9-6：我国国民经济统计企业类型划分标准

表9.1　企业划分标准

行业名称	指标名称	计量单位	大型	中型	小型	微型
农、林、牧、渔业	营业收入（Y）	万元	$Y \geqslant 20\,000$	$500 \leqslant Y < 20\,000$	$50 \leqslant Y < 500$	$Y < 50$
工业 *	从业人员（X）	人	$X \geqslant 1\,000$	$300 \leqslant X < 1\,000$	$20 \leqslant X < 300$	$X < 20$
	营业收入（Y）	万元	$Y \geqslant 40\,000$	$2\,000 \leqslant Y < 40\,000$	$300 \leqslant Y < 2\,000$	$Y < 300$
建筑业	营业收入（Y）	万元	$Y \geqslant 80\,000$	$6\,000 \leqslant Y < 80\,000$	$300 \leqslant Y < 6\,000$	$Y < 300$
	资产总额（Z）	万元	$Z \geqslant 80\,000$	$5\,000 \leqslant Z < 80\,000$	$300 \leqslant Z < 5\,000$	$Z < 300$
批发业	从业人员（X）	人	$X \geqslant 200$	$20 \leqslant X < 200$	$5 \leqslant X < 20$	$X < 5$
	营业收入（Y）	万元	$Y \geqslant 40\,000$	$5\,000 \leqslant Y < 40\,000$	$1\,000 \leqslant Y < 5\,000$	$Y < 1\,000$
零售业	从业人员（X）	人	$X \geqslant 300$	$50 \leqslant X < 300$	$10 \leqslant X < 50$	$X < 10$
	营业收入（Y）	万元	$Y \geqslant 20\,000$	$500 \leqslant Y < 20\,000$	$100 \leqslant Y < 500$	$Y < 100$
交通运输业 *	从业人员（X）	人	$X \geqslant 1\,000$	$300 \leqslant X < 1\,000$	$20 \leqslant X < 300$	$X < 20$
	营业收入（Y）	万元	$Y \geqslant 30\,000$	$3\,000 \leqslant Y < 30\,000$	$200 \leqslant Y < 3\,000$	$Y < 200$
仓储业 *	从业人员（X）	人	$X \geqslant 200$	$100 \leqslant X < 200$	$20 \leqslant X < 100$	$X < 20$
	营业收入（Y）	万元	$Y \geqslant 30\,000$	$1\,000 \leqslant Y < 30\,000$	$100 \leqslant Y < 1\,000$	$Y < 100$
邮政业	从业人员（X）	人	$X \geqslant 1\,000$	$300 \leqslant X < 1\,000$	$20 \leqslant X < 300$	$X < 20$
	营业收入（Y）	万元	$Y \geqslant 30\,000$	$2\,000 \leqslant Y < 30\,000$	$100 \leqslant Y < 2\,000$	$Y < 100$
住宿业	从业人员（X）	人	$X \geqslant 300$	$100 \leqslant X < 300$	$10 \leqslant X < 100$	$X < 10$
	营业收入（Y）	万元	$Y \geqslant 10\,000$	$2\,000 \leqslant Y < 10\,000$	$100 \leqslant Y < 2\,000$	$Y < 100$
餐饮业	从业人员（X）	人	$X \geqslant 300$	$100 \leqslant X < 300$	$10 \leqslant X < 100$	$X < 10$
	营业收入（Y）	万元	$Y \geqslant 10\,000$	$2\,000 \leqslant Y < 10\,000$	$100 \leqslant Y < 2\,000$	$Y < 100$
信息传输业 *	从业人员（X）	人	$X \geqslant 2\,000$	$100 \leqslant X < 2\,000$	$10 \leqslant X < 100$	$X < 10$
	营业收入（Y）	万元	$Y \geqslant 100\,000$	$1\,000 \leqslant Y < 100\,000$	$100 \leqslant Y < 1\,000$	$Y < 100$

续表

行业名称	指标名称	计量单位	大型	中型	小型	微型
软件和信息技术服务业	从业人员（X）	人	$X \geqslant 300$	$100 \leqslant X < 300$	$10 \leqslant X < 100$	$X < 10$
	营业收入（Y）	万元	$Y \geqslant 10\,000$	$1\,000 \leqslant Y < 10\,000$	$50 \leqslant Y < 1\,000$	$Y < 50$
房地产开发经营	营业收入（Y）	万元	$Y \geqslant 200\,000$	$1\,000 \leqslant Y < 200\,000$	$100 \leqslant Y < 1\,000$	$Y < 100$
	资产总额（Z）	万元	$Z \geqslant 10\,000$	$5\,000 \leqslant Z < 10\,000$	$2\,000 \leqslant Z < 5\,000$	$Z < 2\,000$
物业管理	从业人员（X）	人	$X \geqslant 1\,000$	$300 \leqslant X < 1\,000$	$100 \leqslant X < 300$	$X < 100$
	营业收入（Y）	万元	$Y \geqslant 5\,000$	$1\,000 \leqslant Y < 5\,000$	$500 \leqslant Y < 1\,000$	$Y < 500$
租赁和商务服务业	从业人员（X）	人	$X \geqslant 300$	$100 \leqslant X < 300$	$10 \leqslant X < 100$	$X < 10$
	资产总额（Z）	万元	$Z \geqslant 120\,000$	$8\,000 \leqslant Z < 120\,000$	$100 \leqslant Z < 8\,000$	$Z < 100$
其他未列明行业 *	从业人员（X）	人	$X \geqslant 300$	$100 \leqslant X < 300$	$10 \leqslant X < 100$	$X < 10$

注：*表示与其他行业交叉。

延伸阅读9-7：2022年湖南省长沙市大学生创业扶持政策

（一）一次性创业补贴

1.执行政策部门：人力资源和社会保障局

2.政策对象及内容：

全日制普通高校博士、硕士、本科毕业生（在校及毕业5年内）在我市创办初创企业，合法正常经营6个月以上、吸纳2名以上城乡劳动者就业并按规定缴纳城镇职工社会保险，可以申请一次性开办费补贴。

补贴标准：根据吸纳城乡劳动者就业人数给予3 000～20 000元不等的一次性开办费补贴。

申请资料：

（1）长沙市初创企业一次性开办费补贴申报表；

（2）营业执照或其他登记注册证明复印件；

（3）申请人身份证、毕业证复印件；

（4）与员工签订的劳动合同复印件及工资发放表、近三个月申报单位为员工缴纳社会保险费明细账（单）。

申报时间：一次性开办费补贴申报时间为每年7月。

申报流程：

（1）申报。符合条件的按属地原则将申报资料报送至区县（市）人力资源和社会保障局。

（2）考察审定。区县（市）人力资源和社会保障局负责组织实地考察，提出考察推荐意见，报市人力资源和社会保障局审定。

（3）公示。将拟补贴名单在市人力资源和社会保障局官网公示，公示期为5个工作日。

（4）资金拨付。由市人力资源和社会保障局将补贴资金拨付至申报单位账户。

3.办理地点：人力资源和社会保障局

（二）大学生自主创业担保贷款

1.执行政策部门：长沙市就业服务中心创业担保贷款部

2.政策对象及内容：

（1）长沙市创业担保贷款个人贷款

贷款对象：法定劳动年龄以内、具备一定创业能力和创业条件，个人信用记录良好，在我市自主创业、合伙创业或组织起来共同创业的高校毕业生：毕业5年以内的普通高校毕业生、技师学院高级工班和预备技师班、特殊教育院校（含中等职业学校）毕业生、留学回国学生和服务期满5年以内的大学生村官。

征信要求：除助学贷款、扶贫贷款、住房贷款、购车贷款、5万元以下小额消费贷款（含信用卡消费）以外，已婚的申请人提交创业担保贷款申请时，本人及配偶应没有其他贷款；其他贷款申请人应提供其家庭成员（以户为单位）的贷款记录证明。

合伙创业是指符合条件的人员以合伙经营的形式创办的小企业或组织，并持《合伙企业营业执照》或在工商部门进行备案。合伙创业的法定代表人或负责人以及组织起来共同创业的组织者应满足以上贷款记录要求。

贷款金额、期限、利率及贴息：

额度：个人创业贷款最高额度为20万元；合伙创业的最高额度为110万元。

期限：贷款期限最长不超过3年。

利率：LPR+150BP。

贴息标准：自2021年1月1日起，新发放的个人创业担保贷款利息，LPR-150BP以下部分，由借款人承担，剩余部分财政给予贴息。

担保方式：自然人保证担保、房产抵押担保、质押担保。

（2）长沙市人才创业担保贷款

贷款对象：

普通高等教育本科及以上学历（含留学归国），对于法定代表人符合人才身份，当年新招用人才2名以上，与其签订一年以上期限劳动合同、缴纳社会保险费的小企业，可以申请人才小企业创业担保贷款。小企业认定标准按照《中小企业划型标准规定》

（工信部联企业〔2011〕300号）执行。

贷款额度和贴息标准：

贷款额度：个人自主创业申请人才创业担保贷款，最高额度为20万元，合伙创业最高不超过50万元。小企业申请人才创业贷款，最高额度为300万元。期限均为两年。

贴息标准：符合条件的人才个人创业担保贷款，贷款利率在贷款合同签订日中国人民银行公布的同期限贷款基准利率的基础上上浮2个百分点以内，由财政部门据实全额贴息。符合条件的人才小企业创业贷款，由财政部门按照贷款合同签订日中国人民银行公布的同期限贷款基准利率全额贴息。

办理地点：区县（市）人社局担保中心。

（三）长沙市创业担保贷款——小微企业贷款

1.执行政策部门：长沙市就业服务中心

2.政策对象及内容：

贷款对象：在长沙注册的小微企业，当年新招符合创业担保贷款申请条件的人员（持有《就业创业证》或《就业失业登记证》的登记失业人员；就业困难人员；毕业五年以内的普通高校毕业生；复员转业退役军人；刑满释放人员；化解过剩产能企业职工和失业人员；建档立卡贫困人口）数量达到企业现有在职职工人数15%以上（超过100人的企业达到8%）、并与其签订一年以上劳动合同，可申请小微企业创业担保贷款。

小微企业应无拖欠职工工资、欠缴社会保险费等严重违法违规信用记录。小微企业认定标准按照《统计上大中小微企业划分办法（2017）》（国统字〔2017〕213号）执行。

金额、期限、利率及贴息：

额度：最高300万元。

期限：最长2年。

利率：LPR+150BP由经办银行与借款人协商确定。

贴息标准：自2021年1月1日起，新发放的小微企业创业担保贷款利息，LPR-150BP以下部分，由借款企业承担，剩余部分财政给予贴息。

担保方式：房产抵押担保、质押担保。

3.办理地点：市就业服务中心创业担保贷款部

（四）毕业生自主创业有关税收政策

1.执行政策部门：区（县）税务机关

2.政策对象及内容：

2019年1月1日至2021年12月31日，建档立卡贫困人口、持《就业创业证》（注明"自主创业税收政策"或"毕业年度内自主创业税收政策"）或《就业失业登记证》

（注明"自主创业税收政策"）的人员，从事个体经营的，自办理个体工商户登记当月起，在3年（36个月）内按每户每年12 000元为限额依次扣减其当年实际应缴纳的增值税、城市维护建设税、教育费附加、地方教育附加和个人所得税。限额标准最高可上浮20%，各省、自治区、直辖市人民政府可根据本地区实际情况在此幅度内确定具体限额标准。在2021年12月31日未享受满3年的，可继续享受至3年期满为止。

适用人员范围：

（1）纳入全国扶贫开发信息系统的建档立卡贫困人口。

（2）在人力资源社会保障部门公共就业服务机构登记失业半年以上的人员。

（3）零就业家庭、享受城市居民最低生活保障家庭劳动年龄内的登记失业人员。

（4）毕业年度内高校毕业生。高校毕业生是指实施高等学历教育的普通高等学校、成人高等学校应届毕业的学生；毕业年度是指毕业所在自然年，即1月1日至12月31日。

3.办理地点：区（县）税务机关纳税服务大厅

（五）大学生创业培训补贴

1.执行政策部门：长沙市人力资源和社会保障局

2.政策对象及内容：

范围对象：对毕业年度高校毕业生（含技师学院高级工班、预备技师班、特殊教育院校职业教育类毕业生）到定点创业培训机构参加创业培训并取得资格证书的，给予一定标准的创业培训补贴。

补贴标准：创办企业（SYB）培训800元／人次、改善企业（SIYB）培训1 200元／人次。

申报流程：

（1）申报。创业培训补贴常年受理。由参加创业培训的高校毕业生或定点创业培训机构向区县（市）人力资源和社会保障局申请创业培训补贴。

（2）审核。区县（市）人力资源和社会保障局负责创业培训补贴审核。

（3）公示。在区县（市）人力资源和社会保障局官方网站进行公示，公示期为5个工作日。

（4）资金拨付。由区县（市）人力资源和社会保障局按规定将补贴拨付至个人账户。

3.办理地点：长沙市创业培训定点机构

（六）大学生自主创业经营场所租金补贴

1.执行政策部门：长沙市人力资源和社会保障局

2.政策对象及内容：

范围对象：全日制普通高校博士、硕士、本科毕业生（在校及毕业5年内）在长沙市创办初创企业，合法正常经营6个月以上、吸纳2名以上城乡劳动者就业并按规定缴纳城镇职工社会保险，可以申请经营场所租金补贴。

补贴标准：第一年每月800元，第二年每月600元。实际租金低于补贴标准的，按实际租金额度给予补贴。同一初创企业只能享受累计不超过2年的经营场所租金补贴。

申请资料：

（1）长沙市初创企业经营场所租金补贴申报表；

（2）营业执照或其他登记注册证明复印件；

（3）申请人身份证、毕业证复印件；

（4）经营场地租赁证明；

（5）与员工签订的劳动合同复印件及工资发放表、近3个月申报单位为员工缴纳社会保险费明细账（单）。

申报流程：经营场所租金补贴与一次性开办费补贴同时进行，申报流程一致。

3.办理地点：长沙市人力资源和社会保障局

二、案例研究

创业案例9-1：库军强的婚庆创业

东华理工学院2003级电子计算机专业在校大学生——库军强经过充分的市场调查，得出"开拓西式婚礼市场必定会有丰厚的回报"的结论，决定进军这一领域。2006年10月28日，他注册了江西省抚州市永恒西式婚庆公司，并于11月2日在互联网上开设婚庆网站。但是，库军强没有西式婚庆所需的教堂、婚庆用品，也没有业务推广和报纸、电视广告的经费，他是如何解决这一系列问题的呢？

首先是场地问题——教堂。抚州市的两个教堂在江西省是最雄伟的。库军强以详细的计划书使教堂负责人相信，抚州市第一家西式婚庆公司很有前景，双方成功签订了一个三年的合作协议。对于婚庆用品，库军强经过两个月的奔波，和抚州市一家大酒店以及几家婚庆用品店达成协议，租用他们的婚庆用品，他们也成为婚庆公司的长期合作伙伴。至于广告，则想办法吸引媒体眼球，让他们主动报道。库军强从学校就业指导课上的模拟招聘会中得到启发，他做了一个模拟婚庆。2006年11月2日，库军强公司和米兰婚纱摄影店在抚州市最繁华的街道赣东大道上，举行了一场模拟婚庆，吸引了抚州市的许多媒体，当天的报纸都用了相当的篇幅报道模拟婚庆。模拟婚庆的录像上传到婚庆公司的网页上，全国的朋友都能看到。模拟婚庆的录像上传网页后的第二天，公司就接到了浙江一对新人的电话，这是公司的第一笔业务，他们报价10万元。自此，公司的婚庆业务便红火起来。

资料来源：百度文库

综合案例9-1：GoodKaarma的资源整合

一天早上，你在洛杉矶的钢筋水泥丛林中醒来，突然意识到事实上想住在波罗的海一个人迹罕至的爱沙尼亚小岛上，你会怎么做？唯一能够做的是，如果要在那里立足，你必须开一家公司。这是当然的。当斯蒂芬·格林伍德和伊阿·格林伍德1994年搬到萨拉玛岛上时，他们就是这样做的。但是接下来，具体的问题出现了——开什么样的公司？从哪里开始着手？如何让它运转？这些问题的答案就是从你手中所拥有的东西开始，跨出第一步。格林伍德夫妇检查了他们拥有的资源。包括：

（1）在爱沙尼亚小岛上拥有一座闲置的农舍以及大约4公顷的土地。

（2）萨拉玛岛上广阔的海滩和温泉浴场。具体地说，就是他们所在的卡尔玛小镇。

（3）有机会得到10 000欧元的种子资金——他们通过一个朋友联系到了一家欧盟创业孵化器基金，如果他们能够提出令人信服的创意，该基金可以提供资金。

（4）对可持续的健康有机生活方式的由衷热爱。

如果你仅看完故事开头的第一段，就开始构思新企业的发展方向或许还有些困难，但当我们看到他们所拥有的工具之后，不难想象格林伍德夫妇可以从事有机农业生产、环保旅游业，或者为爱沙尼亚带来潜在的美国旅游客源。

格林伍德夫妇知道他们的创业启动资金不能超过欧盟或许能够提供的10 000欧元，因为他们没有多余的资金用于投资新企业，而且他们的企业必须要有潜力，全年都能带来持续的收益。

在将全部投入都考虑之后，格林伍德夫妇决定创立一家生产有机肥皂的企业。每个人每天都要洗洗涮涮，他们都是潜在的消费者。这样的企业也不需要昂贵的生产设备，生产出来的产品也能够满足他们追求纯粹而又健康的生活的个人愿望。

基本创意已经清晰了，格林伍德夫妇整合出一个商业计划，使得他们获得了欧盟所提供的创业资金。他们用这笔钱翻新了农舍（安置生产设施，作为零售店址），同时他们开始试验制作有机肥皂（他们使用相对便宜的无机原材料做试验）。斯蒂芬学习过电脑编程，他为新公司建立了网页，因为所居住的小镇叫Kaarma，夫妇二人就为公司起名为GoodKaarma。接下来，他们开始发展伙伴关系。他们与当地的温泉浴场洽谈，询问GoodKaarma是否能与其合作开发定制的手工皂产品，帮助温泉浴场的顾客享受到更好的服务。他们还与当地的设计师和印刷商合作，使用当地的有机材料制作产品包装。现如今，所有的GoodKaarma肥皂都在农舍的厨房里进行生产，他们采用简单的家用设备，自己手工制作木头模具。肥皂的制作采用有保障的纯有机原料，纯手工小批量制作，每次产量只有大约7千克。生产全年进行，产品共分13类，在网上全部有销售，同时也出口到爱尔兰、英国、瑞典、芬兰、丹麦和德国的一些零售商店。生产出来的有机肥皂也在爱沙尼亚本国销售，在萨拉玛的众多高级温泉浴场以私家品牌出售。2008年夏天，超过5 000人来到GoodKaarma的塔鲁农场购买肥皂，其中不少人参与了格林伍德夫妇的第二笔业务——自制手工皂学习班。

GoodKaarma作为一个可持续创业发展的榜样，得到了爱沙尼亚总统以及总统家庭的认可，成为可持续创业活动的典范。或许更重要的是，格林伍德夫妇现在已经成为卡尔玛镇的永久居民。

三、创业训练

创业训练9-1：崀山旅游项目开发创业咨询

老师您好！我是您选修课的学生舒服（经原创学生同意匿名），我两周前就开始写这个创业计划书，但还是不知道怎么下笔。

我的家乡在湖南新宁崀山，自从2010年崀山获得世界非物质文化遗产称号以来就进入了飞速发展阶段。2010年旅游门票总收入为3 413万元，旅游人次为235万人次，比2009年分别增长了116%和110%。到2015年旅游收入达54.23亿元，门票收入达19 658万元，旅游人次达712.6万人次。

也就是说，近5年来门票收入和人次平均以30%的速度增长。而且全县GDP保持10%的增长，到2015年GDP为841 372万元，人均GDP 14 655元。这些数据是在只有两条高速公路的基础上创造的，一旦在建的轨道交通和机场投入使用，客源不可估量。这是有据可循的，崀山的地理位置独特，南面紧靠桂林，北面紧靠湘西、张家界。但是崀山的商业化非常落后，最多的商业结构是餐饮和住宿，算是最发达的产业。到了旅游旺季平时30元/晚的旅社竟高达300元/晚。而风景区的周边没有一家休闲娱乐商家。所以我想在距景区入口8公里处开设一家泡澡按摩加羽毛球馆于一体的休闲商业设施。因为崀山旅游基本就是徒步登山，游玩一天必定身心疲惫（我自己就深有体会），这时候泡澡、按摩是绝佳的选择。

现在的问题是那边的地价非常贵，至少10 000元/平方米，如果有合适的项目，政府有扶持政策，地价会减少，我粗略算了一下如果占地5 000平方米，项目完全投入生产需要近6 000万元。您觉得投资人会看好我这样的大学生吗？

以上是一位学生关于创业的咨询留言，请读者代为回答。

创业训练9-2：资源的重要性

游戏名称：资源的重要性

游戏步骤：

（1）学生互选一人当老师，余下皆为学生。

（2）老师扮演者可用也可不用教室内的教学设施（粉笔、黑板和纸张等），也可采取任何形式向学生培训其选择的内容。

（3）由一人移走所有物资，直至老师无法讲课为止。

讨论：比较前后的学习环境，老师和学生在其中分别遇到了什么困难？

创业训练9-3：创业资源归纳与分析

参考表9.2所列具体资源内容，保留本团队最具优势的创业资源，其他的资源均可删除。然后将具体优势和创业对策填入表中。

表9.2　创业资源分类表

资源	具体资源	哪些资源有优势并可作为创业资源
有形资产资源	地理位置、其他	处于北京这样高速发展的大城市，市场空缺大，人们购买能力强，社会发展速度快，人们接受新事物能力强
无形资产资源	声誉、信念、其他	个人信誉值得信赖；不畏惧的信念支持永远前行
社会关系资源	家族、朋友、同学、同事、人脉、其他	通过朋友、同事、家人的帮助，可以获得更多资源、资金的帮助，拥有更多的渠道寻找合作者
人际交往资源	人缘、亲和力、沟通能力、表达能力、谈判能力、其他	通过人际交往资源进行集资，并让周围人成为自己首批的目标顾客群体和宣传媒介
技术能力资源	经营、销售、专业技能、其他	具体市场营销技术和销售及实习经验，我们更懂得如何分析市场，评估消费者需求，并具有基本的销售技巧
创新能力资源	创新意识、探索精神、思维活跃、总有新点子并应用于解决问题、其他	创新精神能够使我们抓住目标顾客人群的眼球，别出心裁的理念和实体店装修能够很好地吸引消费者，并能够打破传统行业的桎梏，在市场上占有一定优势

续表

资源	具体资源	哪些资源有优势并可作为创业资源
知识资源	学历、专业知识、社会知识、其他	在吸引投资的时候，我们的学历和专业知识及社会知识能够具有说服力，并能够在实践中充分运用所学的知识
智力资源	算术、语言、外语、逻辑、悟性、其他	具有一定的英语水平和基础的计算机能力；具有很好的语言能力，对专业知识有一定的敏感度
兴趣资源	运动、家居、旅游、其他	从生活的方方面面获得创意的来源，注重现在的生活观念和习惯的改变，致力于为消费者提供便利的生活方式
经验资源	销售经验、参加过相关实验课程或实践	大学期间有多次打工实习的经历，具有一定的销售经验
领导力资源	决策力、组织能力、管理能力、人格魅力、规划与协调	作为学生干部具有一定的决策和组织能力等相关能力，能够适当地规划和协调以便更好地实现目标
民族资源	特殊风俗、习惯、其他	了解各民族风俗和习惯；个人身为汉族人与绝大多数的目标消费顾客相同
其他	—	—

按重要性排序，自己拥有的前五位优势资源是：

1.创新能力资源

2.领导力资源

3.人际交往资源

4.兴趣资源

5.智力资源

如何扬长避短，把自己的主要资源优势转换为创业资源？（>300字）

　　基于专业知识和学习能力，当代大学生应充分发挥创新能力资源和兴趣资源，从生活的点点滴滴中获取感悟和创业的创意及动力。广泛地发展自己的人际交往资源，注重与行业内的合作关系。提高自己的领导能力，并且不断地学习，更新自己的知识结构。寻求与志同道合的朋友进行合作，把彼此之间的知识技能进行充分的整合以更好地完成目标。不足之处：一方面要注意回避以技术为主的行业竞争，不进入高技术行业领域（因为不具备相关专业技能，比如IT、医药等）。另一方面要不断累积自己的有形和无形资产，尤其是有形资产。创业初期要出具一个可估量的分析报告，并对以后几年的发展路径有大致的评估和设想。发展强大的社会人际网络，与政府相关部门建立良好的关系，关注国家相关政策，适应社会发展的大趋势，维护公共形象。

第10章　创业计划

一、知识拓展

知识链接10-1：投资者阅读创业计划的基本步骤

投资者在阅读一份创业计划时，一般遵循以下六个步骤，且每个步骤用时一般不超过一分钟。

步骤1：判断企业特性和行业；

步骤2：判断计划的资本结构，主要是了解负债或投资需求资产净值；

步骤3：阅读最新资产负债表；

步骤4：判断企业家才能，这是最重要的步骤；

步骤5：确定企业的独具特色，找出该创业项目与众不同之处；

步骤6：快速、全面地浏览整个计划，大概翻阅整个计划的图、表、例证及其他部分。

知识链接10-2：常用的信息搜集方法

1.观察法

观察法是获取市场和行业信息的常用渠道，观察行业内优秀的领先企业，分析其优劣，能为创业者节省大量的时间，并获得直接经验。

创业者也可以通过对展销会、说明会现场或生产、包装现场的实地观察和记录来调研取证，以收集所需信息。

观察的对象可以是人（消费者、生产者、管理者、组织者等）的行为，也可以是商品、展台、车间等客观事物；观察的侧重点以所需信息为核心；观察过程中一般是边看边记，最后整理分析，得出结论；为了准确性和不遗漏，观察者往往会借助现代设备，比如用摄像机和照相机来记录现场状况。

2.提问法

创业者首先质疑发现的创业机会或创意，提出相关疑惑或问题，然后带着问题搜集信息，以搜集的信息来论证创业机会与创业计划的可行性。

萌生想法后，创业者可以试着质疑自己的创意，试着提出以下问题：

（1）目前，全国市场上类似的企业经营着哪种产品？

（2）在自己所在的城市，竞争对手有哪些优势与不足？

（3）自己想加盟还是独创品牌？

（4）如果走品牌独创路线，潜在市场有多大？

（5）本地居民对该产品的需求如何？

（6）如果设置社区，该社区居住主体年龄、身份、学历等基本情况适合哪些品类？客流量大不大？随后，带着这些疑问去查找资料或进行现场调查。与这些问题相关的信息或者在网络、图书馆、传统媒体中，或者在问卷里。信息搜集过程同样是去伪存真、去粗取精的过程。

3.比较法

信息搜集中的比较实际上是参照同行业中其他创业者的创业计划书，试着分析其他创业计划的可行性，从中总结经验，结合自身需要，获取有利的信息。

4.文献检索法

文献检索可采用直接法、追溯法、循环法等方式进行。直接法是直接利用检索系统（工具）检索文献信息的方法；追溯法是指不利用一般的检索系统，而是利用文献后面所列出的参考文献，注意追查原文（即被引用文献），然后再从这些原文后所列出的参考文献目录进一步扩大文献信息范围，一环扣一环地追查下去的方法；循环法是分期交替使用直接法和追溯法，以期取长补短，相互配合，获得更好检索效果的方法。

知识链接10-3：市场调查的主要方法

1.问卷调查法

问卷调查法是市场调查采用得最普遍的方法之一。在采用该方法时应遵循一定原则，通过设计高质量的调查问卷，更好地实现调查目的。问卷调查的种类包括传真问卷、信函问卷、网络问卷、报刊问卷和实地问卷等五种常见形式。

2.抽样调查法

调查问卷应根据所要调查的内容设计问题，一般由简入深，多以选择题体现；要注意答案的全面性，而且能反映出受访者的真实想法，否则将导致调查结果失真而无效。问卷要注意保护受访者隐私，比如工作、收入、家庭、联系方式、地址等，如果需要收集建议则列于问卷最后。在前面填写过程中与受访者建立起信任关系后，受访者才可能将有关个人隐私的内容留下来，一定要注意保护受访者的信息安全。

3.访问调查法

访问调查法可分为人员访问和电话访问两种。人员访问是调查者与被调查者通过面对面交谈来获取市场信息的一种调查方法。调查者既可以按既定提纲提问，也可以与受访者自由交谈；既可以在街头随机访问，也可以入户访问。这种调查方法便于当面交流，所获资料和信息的准确性、真实性较高，但调查成本高、周期长、拒访率高。电话访问受调查者青睐的原因是方便快捷，节省人力、物力，覆盖面广，但费用较高，且不如面对面交流直接、深入。

4.座谈讨论法

座谈讨论法也称焦点小组法，是从目标市场中抽取一群人，一般以 6～10 人为宜，组织起来探讨相关话题的一种调查方式。在调研产品概念、产品测试、顾客满意度、用户购买行为等方面应用率极高。采用这种方法时，座谈的主持人最好是专业调研人员。在座谈过程中，主持人一方面抛出话题，引导人们讨论；另一方面控制座谈节奏，调节座谈气氛，激发受访者的积极性和想象力，从而获取信息。

5.实验法

实验法是实验先行、实验可行才进行大规模推广的一种市场调查方法。在所有的市场调查方法中，实验法最科学也最具科技含量。它要求先设定一个实验环境，预设各种影响因素或条件，通过实验对比，对市场需求、市场环境或营销过程中的某些变量之间的关系及其变化进行理性分析。

知识链接10-4：撰写创业计划书前需做的准备

首先，需要明确创业计划书的读者是谁。获取资源是编写创业计划书的主要目的，因此，为获取不同的资源，与创业计划书相对应的读者也不同。一般来说，创业计划书最主要的读者是投资人、合伙人及政府相关部门或机构。其中，最重要的是投资人，特别是风险投资者。

其次，进行信息搜集和整理。一般而言，创业计划书蕴含着大量的信息，包括宏观环境信息、创业微观环境以及企业内部信息。创业计划书的信息来源主要有互联网、公开出版物、竞争对手企业、关联方、会议展览和行业协会等。

再次，做好市场调查。一方面做好竞争者与消费者的市场调查，以此明晰企业定位，了解竞争对手，明确目标客户群体。创业团队可以通过问卷、访谈、座谈、讨论、观察、写实等调查形式和手段，对竞争对手和消费者进行全面研究，挖掘消费者的潜在需求，帮助企业正确进行产品定位和目标市场定位，减少产品选择和市场选择上的失误，有效评估潜在市场的吸引力和企业在该市场的竞争力，制订相应的营销策略。

知识链接10-5：如何构建创业管理团队

新企业的管理团队构建主要从人事安排、所有权及其分配两个方面进行：

1.人事安排

从企业创始人开始，简要介绍管理团队每个成员的履历，包括姓名、岗位头衔、岗位职务和责任、以前的工作和相关经历、以前的业绩、教育背景等。履历描述应尽可能简洁，并说明人事安排的理由及其将为企业做出的独特贡献。如果创业团队曾经在一起工作过，则会受到投资者的青睐。人事安排到位后，还要对企业存在的岗位空缺进行辨识，通过"技能概貌和管理团队分析表"可以有效地发现岗位空缺，对空缺岗位的性质和填补空缺的计划也要进行分析。

表10.1　技能概貌和管理团队分析表

项目	行政领导	采购主管	运营主管	销售主管	人力资源主管	管理信息系统	会计主管	财务主管
姓名								
姓名								

2.所有权及其分配

企业的所有权结构及其分配计划也是必备内容之一，通过列表方式展开给人以清晰、简洁的印象。表10.2是描述所有权结构及其分配的一种常见表格。

表10.2　所有权结构及其分配表

项目	岗位	投资额／万元	所有权比例／%
姓名			
姓名			
股份池			
合计			

需要注意的是，在设计所有权结构时，应考虑到企业未来发展对人才的需求，留出一定的股权比例给将要引进的关键人才。

知识链接10-6：营销计划的主要内容

1.总体营销策略

营销策略是指为销售企业产品或服务所采用的总体方法。总体的营销指导思想和操作方法要对企业的定位策略和差异化点予以说明，针对企业与竞争对手相比的处境，突出企业提供的产品或服务的特性，所列举的差异化点要突出、易记且容易识别。

2.定价策略

这里需要对企业产品或服务的定价方法及其原因进行解释。企业采用的定价方法有竞争定价法、心理定价法、差别定价法、成本加成定价法等方法，分析产品或服务的特点，结合企业营销战略确定不同的定价策略。

3.销售过程和促销组合

销售过程是企业识别潜在顾客和完成销售所经历的过程；促销组合是企业用来支持销售和提升总体品牌形象的具体策略。企业的不同销售阶段应采取不同的销售策略，这些策略通常由广告、人员推销、公共关系和营业推广等组成。

4.渠道策略

渠道包含企业产品或服务从产出地到达消费者手中所经历的所有活动。企业必须清楚采取哪种渠道方式，是直销还是分销，每个环节的渠道商如何给予和保证其利益。

延伸阅读10-1：投资人眼中的创业计划书

投资者会审慎地评判每一份商业计划书，以确保每一次投资都能获得丰厚的收益，同时规避投资失败的风险。你需要向投资者证明：投资你的公司，他们未来可以获得什么回报与收益，以及你如何确保他们的收益。

在撰写商业计划书的过程中，分析投资人重点关注什么。商业计划书是你的自白书，在别人没有洞察到你的真面目之前，你必须给出一个正确了解你的途径。

撰写计划书时，应仔细考虑以下要点：

1.市场发展空间——产品的竞争力和潜在成长力

你的产品必须有市场，你要证明你的目标市场需要你的产品或服务；你的产品或服务具有某种独特性，并且你将通过某种方式去保护这种独特性，从而证明你的产品具有潜在的成长力。

2.企业产品与技术的竞争力

投资者会关心你的企业核心竞争力，也就是你的产品与技术。他们关心技术的独特性、前沿性以及产品的核心技术含金量。他们会评估这些核心技术的市场竞争力以及通过这些核心技术是否可以带来丰厚的收益。

3.管理团队的整体实力

越来越多的投资者更加看重创业团队的整体素质，他们认为对的人才能做对的事。在商业计划书中，你必须着重介绍团队成员所具有的相应实力，同时，提供成员过去的工作经历与能力证明，用以佐证你的团队是一个有实力的团队。

4.对公司财务的预测

你的财务预测是否符合实际？制订商业计划时我们通常作出各种预测，行业资讯以及相关统计数字是我们进行财务预测的基础。在商业计划书中，需要清晰地阐述产品成本、销售收入、现金流量、利润情况以及相应的损益预测表。投资者也会根据行业现状和未来发展趋势评估你的商业计划。

5.营销策划能力

投资者评估你的商业计划时，关注焦点之一就是你的营销计划。撰写营销计划时，你必须突出市场目标。他们需要你提供产品或服务去解决目标客户群的需求，并且他们愿意为你的产品或服务买单。

6.退出计划是否可行

在商业计划中，必须明确指出投资者的退出路径，如公司利润分红、股票上市、股权转让、回购等。

延伸阅读10-2：创业计划书的执行概要

1.产品与技术

《新编大学英语》网络课程是与《新编大学英语》教材配套的网络学习课程，遵循"以学生为中心的主题教学"模式，为大学英语教学服务。

《新编大学英语》网络课程拥有完善的数据库，以便为今后的课程内容进行更新和扩充；网络课程内容丰富、有层次，能够激发学生的学习兴趣、吸引学生完成课程；网络课程包含大量生动有趣的语言素材和活动，增加了学生学习的趣味性；网络课程有跟踪、记录的功能，有利于学生（教师）了解和评估自己（学生）的学习情况。

2.市场分析

市场背景及需求层次分析：目前，中国经济的蓬勃发展为中国教育提供了强大助力，接受高等教育的人数急剧增长。终身教育体系的建立、在线教育的稳步发展、学习英语的需求增强激发了消费者的购买欲望。

目标市场分析：

（1）顾客细分：主要针对在读大学生以及有英语学习需求的在职人员。

（2）市场细分：主要针对考研市场、教辅市场、考证市场和在职培训市场。

（3）目标市场选择：主要选择考研市场、教辅市场、在职培训市场作为目标市场。

3.竞争态势分析

从目前的竞争对手来看，新东方、洪恩、华尔街都具有市场占有率高、知名度高、顾客认可度高的优点，是我们的主要竞争对手；教辅用书对网站构成替代品的威胁，清华大学、北京大学、上海外国语大学等知名高校的相关教材，一旦推出相应的在线教育网站，将对 NCE 在线教育网站产生巨大的冲击。但我们的竞争对手的经营重点并非在线教育，这为我们进入面向大学生的在线教育领域提供了契机。

4.公司与团队

BEELINE 公司是一个初创公司，它致力于网络语言教学系统的研发与推广，为有英语学习需求的人提供阅读、听力、口语、写作等系统、全面的服务。公司目标：致力于逐步扩大市场份额、增加客户满意率，成长为网络语言教学领域的领跑者。

5.营销策略

公司的营销战略目标是向市场推出 NCE 品牌，将 NCE 在线教育网站市场化，大力推广 NCE 在线教育网站，让在校大学生、在职人员能充分接触、体验我们网站的优越性，最终进行消费。盈利方式采用以电子商务为主、传统商务为辅的策略。

6.投资分析与财务预测

公司注册资本 600 万元。从 BEELINE 公司股本结构可以看出，公司技术与资金入股约占总股本的 41.66%。为了满足今后公司扩大发展的资金需求，为上市做准备，从风险投资方面考虑，我们计划吸引 1～2 家风险投资入股。

在资金分配上，主要有以下两个方面：100 万元用于购置基础性固定资产；250 万元主要用于生产过程中所需的人工、管理费用及其他费用。

主要假设：教材的使用在保证原有消费量的基础上有进一步的拓展，公司的入驻事宜以及服务的正式提供将在一个月内完成。

投资净现值远大于 1，表明盈利能力强，进而证明投资方案具备良好的可行性与执行性。

投资回收期为两年零一个月，证明投资回报率高，投资安全可行。

在报酬率方面，我们达到了 92%，远远大于 10% 的资金成本率。表明市场增长性良好，市场定位、细分正确。

在股东回报方面，根据公司目前的经营状况，可以预测本公司将以较高的利润实现增长，我们将从净利润中提取一定的比例作为股东回报。

五年销售收入：332.50 万元、675.69 万元、1 020.51 万元、1 371.96 万元、1 730.66 万元；五年净利润：163.95 万元、476.69 万元、759.98 万元、1 022.79 万元、1 320.17 万元；达到正现金流所需时间：2 个月；达到收支平衡所需时间：4 个月。

延伸阅读10-3：如何提高创业计划书的吸引力

第一，五分钟的考试。一般来说，风险投资评审专家阅读一份创业计划书的时间在5分钟左右，主要关注业务和行业性质、项目性质（借钱还是风投）、资产负债表、团队、吸引人的地方等内容。因此，创业者在撰写创业计划书时要重点突出以上五个方面。

第二，内容要完整。一份合格的创业计划书应包括以下内容：计划摘要、产品与服务、团队和管理、市场预测、营销策略、生产计划、财务规划、风险分析。创业计划书不应遗漏上述任一要素。

第三，投资项目中最重要的因素是人。对于创业团队来说，一定要按照团队组建原则和优秀团队的标准等知识点进行如实描述，对团队成员的构成及其分工情况进行重点介绍。

第四，提高撰写水平的途径是阅读他人的创业计划书，这是帮助创业者提高自己写作能力的有效途径之一。撰写创业计划书前大量阅读他人的创业计划书会有很大帮助。

第五，记住43.1%规则。一位风险投资人一般希望在5年内将其资金翻6倍，相当于每年的投资回报率大约为43.1%。因此，一份承诺40%～50%的创业计划书对于风险投资人来说比较靠谱，如果是借款则需要详细的还本付息计划。

第六，准备回答各种问题。做最充分的准备，对创业计划进行最详细的论证，准备回答和创业计划有关的所有问题，以降低创业风险。另外，在会见风险投资人之前，创业者可以将所有问题的答案以"小字条"的方式进行准备，给自己足够的心理支持和勇气。

第七，熟悉吸引投资者的方法。获得风险投资机构名录是吸引投资者的一种事半功倍的方法。通过网络查询等方式可以收集到很多风险投资机构的地址和目录，可以增进创业者对风险投资者的认识和了解，以便有针对性地开展融资活动。

第八，正确对待被拒绝。拒绝大多数的创业计划是风险投资机构的工作常态。创业者应当把拒绝当作不断完善创业计划的手段。如果创业者在每一次被拒绝后都能很好地采纳风险投资机构的建议，进一步优化其创业计划，则被拒绝一次就离接受又近了一步。

第九，创业计划书最重要的内容。对于投资者来说，创业计划书最重要的内容是资产负债表及团队介绍。资产负债表说明企业的财务状况，能否及时偿债以及有多少尚未分配的利润归属投资者；创业团队介绍则是创业项目能否成功的关键。

第十，回收成本。任何人进行投资，其最低要求无疑是收回本金，因此，在融资时基于该原则进行重点阐述，确保投资者在最短时间内将本金收回，则得到资金的概率会大大提高。

延伸阅读10-4：创业计划书需明确陈述哪些内容

一份完整的创业计划书，需明确地陈述六个方面的内容，即企业现状或简介、商业模式、市场规模与策略、竞争与壁垒、团队和中小企业融资财务计划。

这六个方面是创业计划书必备的内容。其中，投资者最关心的是商业模式、市场规模与策略、团队和中小企业融资财务计划，这四部分内容尤其需要创业者在计划书中重点分析和阐述。

商业模式是项目成败的核心因素之一，也是投资者最关注的内容。在计划书中，商业模式部分主要阐明企业是怎么赚钱的，主要包括向谁提供产品或服务，产品或服务的主要内容是什么，怎么收钱，以及产品或服务是如何制作与提供的等。这部分最好简洁明了，所有人一看就知道是怎么赚钱的。

此外，投资者还非常关心这个项目未来的发展潜力，即市场规模与策略。这部分主要包括企业产品或服务所处的市场总额有多大，企业目标是占有多大的市场份额。这是让投资者了解企业所处的市场总量有多少，以及企业将来用何种手段占领市场。

团队是投资者最为看重的因素之一，"风险投资都是投人投人再投人，所以大家最关注团队，原因就是只要团队好，模式、市场与利润都是可以创造的，所以企业尤其是中小企业融资最应该关注的是团队，而投资者最关注的也是团队"。很多VC甚至不看项目只看人，追着人投资。这部分主要包括目前股东层、经营管理层的履历与背景，团队的分工与激励机制，以及内控机制等。

对于投资者而言，最为关注的是需要多少钱和回报方式，即融资财务计划。这一环节比较专业，很多创业者都止步于此。一些投资者不能清晰地表达资金的用途，将达到怎样的目的，投资人的退出方式以及退出的回报等。如此，既无法评估企业价值，也无法证明配给VC的股权具有合理性。

延伸阅读10-5：创业计划书的减分因素

求多求全：创业计划书对篇幅没有要求，并不是越多越好，写得越厚越好，很多时候简洁明了更能说明关键要素把握得好。

空话太多：很多创业计划书一开头就大话连篇，从宏观经济论到世界形势。其实不然，投资人愿意投资你，一定是了解你所在行业的，因此，你只需直奔主题，简单明了，反而更能说明问题所在。

呆板不生动：创业计划书最需要数字与图表，而不是纯文本。纯文本可以写得密密麻麻，但创业计划书只需简洁明了，能用图与数字表示是最好的形式。

CEO闭门造车：一份优秀的创业计划书，绝不是CEO一个人的闭门造车，应当是整个团队经讨论与沟通后的结果。分工协作永远是高效率的代名词，相应地，团队讨论也会降低企业的整体风险。

延伸阅读10-6：创业计划书不该有的错误

表10.3　创业计划书不该有的错误及解释

错误	解释
概要太长而且松散，没有清晰地回答人们为什么要购买该产品	简明扼要又全面，只说产品有价值，却忽视了对潜在顾客的调研
没有对管理团队成员的履历给予详细的陈述	管理团队的个人简历需用附录具体说明，否则准投资人会认为管理团队没有经验
过于乐观的财务预期	盲目乐观会失去可信度，需根据实际调研作出合理预期
界定的市场规模过于宽泛	企业的市场规模应是目标市场，而不是产业市场
隐藏和回避不足与风险	准投资人会认为计划不够深入
没有清晰地回答产品所处的阶段	说明产品开发工作要么没有真正开展，要么不具有合理性
认为没有竞争者	说明缺乏深入、认真的市场调研
任何形式上的错误	排版、语句错误，以及资产负债表的不平衡等

资料来源：张玉利. 创业管理［M］. 北京：机械工业出版社，2008.

二、案例研究

创业案例10-1：小米公司的组织结构

小米公司的产品相对单一，而目前的手机市场瞬息万变，传统的大企业例如诺基亚、摩托罗拉等均因企业过于庞大复杂、灵活性差，最终被市场所抛弃，有鉴于此，小米公司采取了以产品部门化为主的动态网络型结构。

小米公司采取"互联网+"的扁平化组织，仅有非常扁平的三层组织架构。即以小米的核心合伙人团队作为最高一级管理层次，中间层级就是各个主管，而最低层级就是员工，由员工直接面对用户。这样的组织架构减少了管理层次，使组织变得灵活敏捷，富有柔性和创造性，扁平化组织强调管理层次的简化、管理幅度的增加与分权，有利于企业针对内外部环境的变化及时做出调整。

网络型组织结构极大地促进了企业经济效益实现质的飞跃：降低管理成本；提高管理效益。简化了机构和管理层次，实现了企业充分授权式的管理。同时也存在一定缺陷：采用网络型组织结构的企业需时刻关注市场动态，与市场环境保持密切关系，需要相当大的灵活性应对市场的瞬息变化。

在组织架构上，小米摒弃了传统公司通过制度、流程来保持控制力的树状结构，其架构只有三层：联合创始人—部门负责人—员工。小米的架构直面用户，是一种以人为核心的扁平化管理模式。权力下放给7位合伙人，类似于"地方自治"，合伙人拥有较大自主权，且互不干预。同时，业务部门内没有层级关系、职级名称、不考察KPI，所有人看上去都是平等的。

小米的联合创始人按照各自擅长的领域和能力，分管2～3块业务。比如林斌负责战略合作；黎万强负责小米网和市场（现归林斌负责）；洪锋负责MIUI；黄江吉（KK）负责Wi-Fi模组、云、路由器；周光平负责手机硬件、供应链（现供应链由雷军直接负责）；刘德负责工业设计、生态链；王川负责小米电视、盒子以及内容。

小米这种以功能而非分部制来划分的组织模式类似于苹果，但苹果的缺陷在于高度中央集权。小米向合伙人分权，以及让合伙人来控制员工在"一定限度之内的无章法"，成功地规避了上述两者的缺点。

目前，小米已是一家拥有超过8 000名员工的大型公司，通过合伙人掌管公司的好处在于，合伙人之间可以互相制衡、人尽其用，同时效率极高。但缺点在于，如果合伙人能力不够就会极大地制约分管业务的发展，并且容易带来内部竞争。

资料来源：朱理薰.管理学视角下企业扁平化管理探析：以小米公司为例［J］.经济研究导刊，2021（29）：147-149.

综合案例10-1：一份真实的创业计划书

创业计划书作为说服投资人的工具，显然内容全面详细、制作精美大方，但是偏偏有人另辟蹊径。在一次天使见面会上，河北创业者李鹏的发酵罐气流能量回收项目引起了风投的兴趣，当时吸引风投目光的正是李鹏一页纸的创业计划书。李鹏创业计划书的全部内容如下：

1.项目名称

发酵罐气流能量回收。

2.产品关键词

专利产品　国内空白　年节电100亿度　政府强力推广

3.公司简介

我公司成立于2005年8月，从事节能节电业务，拥有自己的技术与知识产权，包括电机节电器技术、发酵罐排放气流压差发电等多项专利。

4.项目简介

发酵罐是药厂与化工企业普遍使用的生产工具，用量非常大，如华北制药、石药、哈药这样的企业，每家企业使用的大型（150吨以上）发酵罐均在200台以上。因生产需要，发酵罐前端需要压气机给罐内压气，压气机功率一般在2 000～10 000千瓦，必须24小时运转，每年电费高达900万～4 000万元。满足发酵罐生产，需要多台压气机工作，所以，压气机耗电通常是这些企业很大的一项费用支出。经测试，发酵罐排放的气流仍含有大量的压力能，浪费在减压阀上。如安装我公司研制的发酵罐排放气流压差发电与能量回收装置，大约可以回收压气机耗费电能的1/3。

5.同行简介

目前，该技术国际统称TRT，应用于钢厂的高炉煤气压力能量回收。供货商主要有日本的川崎重工、三井造船，德国的GH，国内的陕西鼓风机厂。年销售额达到20亿元以上。

6.进展简介

本项目关键技术已经成熟并熟练掌握，我公司已与某制药集团达成购买试装与推广协议，项目完成时，预计可在该集团完成5 000万元以上的销售收入。

7.优势简介

（1）我公司已申请该项目的多项专利。

（2）目标市场中先行一步，属于填补市场空白项目。

（3）符合国家产业政策，温家宝总理亲自担任节能减排小组组长，要求各地政府落实节能减排指标。该项目属于节能减排项目。

（4）各地方政府有节能奖励：如三电办有1/3的投资补贴，制药集团可获得约1 600万元政府补贴。

（5）可以申请联合国CDM（清洁生产）资金（每减排一吨二氧化碳可以申请10美元国际资金，连续支付5年）。制药集团可每年节电6 000万度，减排二氧化碳6万吨，可获得国际资金补贴300万美元。

8.用户利益

（1）减少电费支出。以某制药集团为例，如全部安装该装置，一年可以节约电费3 000万～3.6亿元，收回投资少于2年。

（2）很少维护，无须增加人员。寿命在30年以上，可以为用户创造投资15倍以上的价值。

（3）降低原有噪声20分贝以上，符合环保要求。

（4）其他奖励。

9.目标用户与市场前景

本项目目前主要针对国内药厂、化工厂。从与某制药集团达成的初步协议看，该制药集团的需求量为100多套，而全国同样状况的药厂有多家，再加上许多化工企业也采用了相同或类似的生产工艺，均为我公司的目标市场。总的市场价值预计在10亿元以上。

资料来源：唐亚阳，陈伟.创业学［M］.2版.长沙：湖南大学出版社，2017.

三、创业训练

创业训练10-1：创业计划书写作指南

目标：指明计划的投资价值所在。解释是什么（What）、为什么（Why）和怎么样（How）。

1.核心内容

包括产品或服务的独特性；详尽的市场分析和竞争分析；现实的财务预测；明确的投资回报方式；精干的管理队伍。

2.写作框架

（1）概述：公司的业务和目标及其他；产品或服务；用途、好处；竞争的优势所在；专利权、著作权、政府批文、鉴定材料等。

（2）市场：市场状况、变化趋势及潜力；调研数据；细分目标市场及客户描述。

（3）竞争：现有和潜在的竞争者分析；竞争优势和战胜对手的方法。

（4）营销：针对每个细分市场的营销计划；如何保持并提供市场占有率。

（5）运作：原材料、工艺、人力安排等。

（6）管理层：每一管理人员的经验、能力和专长；营销、财务和行政、生产的组成情况。

（7）财务预测：营销收入和费用、现金流量；前两年月报、后三年年报。

（8）附录：支持上述信息的材料。

3.思考方法

（1）收入成本法（适用于利润的预测和变动分析）

$$利润 = 收入 - 成本$$

$$收入=价格×销量$$
$$成本=固定成本+可变成本$$

（2）市场营销4Ps（适用于销售状况的预测和变动分析）

①Product（产品）；

②Price（价格）；

③Promotion（促销）；

④Placement（分销）。

（3）波特五大竞争作用力（适用于分析是否应当进入某个市场或产品领域，以及是否具有长期的竞争力）。

①供应商议价能力；

②购买者议价能力；

③潜在竞争者；

④替代品竞争；

⑤行业内原有竞争者。

（4）内部因素和外部因素（适用于分析各类经营问题）

①外部因素：市场（趋势、细分市场、替代品）；客户（需求、品牌忠诚度、价格敏感度）；竞争对手（数量、市场份额、优势）。

②内部因素：营运（生产效率、成本因素）；财务（利润率、资金利用率、现金管理）；产品（竞争优势、差异性）。

（5）3Cs综合法（适用于分析各类经营问题）

①Company（公司）：市场营销、生产运营、财务管理、战略规划。

②Competition（竞争）：行业竞争态势、波特五大作用力、竞争定位价格、质量。

③Customer（客户）：市场细分、容量、增长、变化趋势、价格敏感度。

讨论题：

（1）仔细阅读大学生创业计划写作指南，试分析写作的主要难点在哪些方面。

（2）根据大学生创业计划写作指南，请自行选择一个项目，试撰写一份创业计划。

创业训练10-2：选择领域模拟创业

假设每个创业团队有一笔初始创业资金30万元，请从餐饮店（服务类）、社区便利店（服务类）、承包生产/经营（生产/服务类）、咨询服务公司（服务类）、产品销售/服务代理公司（服务类）、加盟连锁店（服务类）、互联网公司（服务类）、产品委托加工公司（生产类）、饰品及鲜花等礼品专业店（服务类）、摄影店（服务类）、自主创新产品生产制造公司（高科技类）、软件开发公司（高科技类），或者其他领域作为创业平台，并回答以下问题：

1.你选择创立的企业是什么？

2.该企业主要经营项目是什么？

3.简要说明创办这家企业的理由。

4.列举当前具备的资源优势。

5.简洁明了地描述市场机会。

6.举例说明该企业具有哪些创新性。

7.分析可行性。

创业训练10-3：为付小龙同学的项目撰写一份创业计划书

我叫付小龙，是一名出生于1992年的大学生，我们公司的核心产品是一款专为情侣打造的手机App，产品名称为"恋爱笔记"，下载量超过200万次，公司刚刚获得1 000万元融资。

时间回溯到2013年7月1日，我做出了一个可能影响我一生的决定：休学创业！我全身心地投入产品研发中，但各种问题接踵而至。自从"恋爱笔记"App 6月上线后，资金压力骤然凸显，我一直尝试通过各种途径给天使投资人发送创业计划书，然而，无一例外全部石沉大海，连和投资人见面的机会都没有。说实话，那段时间我感到前所未有的彷徨，毕业证拿不到，创业也前途未卜。

就在我一筹莫展时，在寝室楼下发现了360全国大学生应用开发大赛的海报，第一名可以获得80万元天使投资。同年8月初我们就自掏腰包带着"恋爱笔记"项目赴京参赛。最终，我们从400多支参赛队伍中脱颖而出。还记得当时奇虎360的总裁问我："你为什么参加这次比赛？"我很坚定地说："为了创业，为了得到这80万元天使投资，即使没获得第一名也希望您能投资我们，我就是为了创业而来。"现在回想起来，这个回答真够胆大也很任性。

很幸运，我们获得了第一名。很快，消息便在学校和湖北的媒体圈传开了，一时间我从一个默默无闻的草根创业者变成了校园内的创业明星。每天都有记者来采访，也有各种组织邀请我去做演讲。我感觉一切都变了，人也开始变得浮躁了，放在产品上的精力也越来越少，原计划2013年10月开发完成的"恋爱笔记"2.0版本，延期了整整两个月才发布。这时是团队拉了我一把，他们集体在群里留言："作为leader，你必须时刻保持头脑清醒、谦虚务实。你在外面吹牛，回来就甩手给兄弟们，你觉得这样还有人愿意跟你吗？"这些话深深地触动了我，我意识到再这样下去团队一定会垮掉，产品也会随之崩塌。于是我有意识地回避媒体采访和曝光，把绝大部分的精力放回到产品研发上。

公司在向好的方向发展，然而新的问题又出现了："80万元投资能支撑多久？"在成立公司前，我的乐观估计是至少可以维持两年，但3个月后，发现80万元仅能维持一年，而我们的产品短期内是无法盈利的，这就意味着公司必须在一年内获得新的投资，否则就要破产。因为尝到了参加比赛的甜头，这一次我们不再撒网式地给投资人发送创业计划书，而是直接报名参加了创业邦的"创新中国创业大赛"并顺利进入全国总决赛。之后，由于这个比赛的强大影响力，不断地有投资人主动联系我。

尽管我们已经拿到过天使投资，但是和投资人谈项目时依旧稚嫩，与第一个投资人见面，问我们需要多少钱时，我回答："我们需要500万～1 000万元。""既然500万元和1 000万元的效果都一样，那我为什么要给你1 000万元？"第一次谈判就这样泡汤了。后来，又有投资人问我们："愿意出让多少股份？""我们愿意出让10%～20%的股份。""我拿10%和20%对于你公司来说估值是完全不一样的，你连公司的估值都不确定吗？"显然，这次又失败了。

形势所迫，接下来的一段时间我奔走于北京、上海、深圳等地，国内知名投资机构几乎跑了个遍，却颗粒无收，但每一次和投资人谈项目的过程对于我来说都是一次很好的提升机会。几番苦战后，我总结出了一套介绍项目的方法，在介绍自己的项目时按照这样的顺序进行：你正在做什么？为什么要做这件事？它的市场前景有多大？竞争环境怎么样？你接下来准备怎么做？你的团队是否适合做这件事？你需要多少钱同时愿意出让多少股份？

2014年年中，终于有两家投资机构与我们进入了最后的谈判阶段。经过反复沟通磋商，8月，我们选择了世纪佳缘作为投资方，最终完成了从百万到千万的蜕变。

案例来源：原标题《大学生CEO的年终反思："恋爱笔记"付小龙休学后的365天》，2014-12-11，有删减.

练习：请梳理案例，根据付小龙总结的介绍项目的方法，针对7个问题撰写该项目的创业计划书。

拓展学习　创办企业

知识链接1：初创企业如何选择合适的组织形式

1.初创企业可以采取的组织形式

企业组织形式是指企业财产及其社会化大生产的组织状态，它表明一个企业的财产构成、内部分工协作与外部社会经济联系的方式。国际上通常分为独资、合伙和公司三大类企业。

第一类独资企业是由某个人出资创办的，有很大的自由度，只要不违法，想怎么经营就怎么经营，要雇多少人，贷多少款，全由业主自己决定。赚了钱，交了税，一切任凭业主分配；赔了本，欠了债，全由业主资产来抵偿。我国的个体户和私营企业很多属于此类企业。

第二类合伙企业是由多人联合起来共同出资创办的企业。它通常是依合同或协议组织起来的。合伙企业决策通常由合伙人集体作出。

第三类公司是按所有权和管理权分离，出资者按出资额对公司承担有限责任创办的企业。主要包括有限责任公司和股份有限公司两种方式。有限责任公司是指不通过发行股票，而由为数不多的股东集资组建的公司（一般由2人以上50人以下股东共同出资设立）。其资本无须划分为等额股份，股东在出让股权时受到一定的限制。股份有限公司全部注册资本由等额股份构成并通过发行股票（或股权证）筹集资本，公司以其全部资产对公司债务承担有限责任（应当由2人以上200人以下为发起人，注册资本的最低限额为500万元）。

企业组织形式优劣比较

组织形式	优势	劣势
合伙企业	（1）创办手续简单、成本费用低； （2）经营方式比较灵活； （3）相对个人独资企业，企业拥有更多人的技术、能力与资源； （4）资金来源相对较广，信用度较高	（1）普通合伙人承担无限责任； （2）企业绩效更依赖于合伙人的能力，企业规模受限； （3）企业往往因关键合伙人死亡或退出而解散； （4）合伙人的投资流动性差，产权转让困难
有限责任公司	（1）创业股东只承担有限责任，风险小； （2）公司具有独立寿命，易于存续； （3）可以吸纳多个投资人，促进资本集中； （4）多元化产权结构有利于决策科学化； （5）经营管理规范； （6）企业信用度较高	（1）创立程序比较复杂； （2）存在双重纳税问题，税收负担较重； （3）不能公开发行股票，筹集资金的规模和范围受限，无法与股份有限公司直接竞争； （4）公司转让股份限制严格，产权不能充分流动，资本运作受限； （5）公司治理更规范，对创业者素质及能力要求也较高
股份有限公司	（1）创业股东只承担有限责任，风险小； （2）筹资能力强； （3）公司具有独立寿命，易于存续； （4）一般由职业经理人进行管理，管理水平高且管理规范； （5）企业信用度较高； （6）产权可以股票形式充分流动； （7）有利于接受社会监督	（1）创立与关闭的程序比较复杂且政府限制多，要求严格； （2）存在双重纳税问题，税收负担较重； （3）公司所有权与控制权分离程度偏高； （4）要求披露财务及经营情况，商业机密容易暴露； （5）公司抗风险能力相对较差，多数股东缺乏责任感

2.影响创业企业选择组织形式的主要因素

主要有税收、利润和亏损的承担方式、资本和信用的需求程度等。

（1）税收。对于公司而言，营业利润在企业环节征收公司税，个人投资者还需缴纳个人所得税；对于合伙企业而言，只征收合伙人分得收益的个人所得税。一般情况下，规模较大的企业应选择股份有限公司，规模不大的企业，采用合伙企业比较合适。因为，规模较大的企业需要资金多，筹资难度大，管理较为复杂，如采用合伙制形式运转比较困难。

（2）利润和亏损的承担方式。独资企业，业主个人承担企业的亏损。合伙企业，如果合伙协议没有特别规定，利润和亏损由每个合伙人按相等的份额分享和承担；有限公司和股份公司，公司的利润是按股东持有的股份比例和股份种类分享的，对公司

的亏损，股东个人不承担投资额以外的责任。

（3）资本和信用的需求程度。通常投资人有一定的资本，但不足，又不想使企业的规模太大，或者扩大规模受到客观条件的限制，更适宜采用合伙或有限公司的形式；如果所需资金巨大，并希望经营的企业规模宏大，适宜采用股份制；如果开办人愿意以个人信用为企业信用的基础，且不准备扩展企业的规模，适宜采用独资的方式。

（4）其他。企业的存续期限、投资人的权利转让、企业控制等因素都会对投资人在选择企业组织形式时产生影响，必须对各项因素进行综合分析。

三种组织形式关键指标

项目	有限责任公司	合伙企业	个人独资企业
法律依据	《中华人民共和国公司法》（自2006年1月1日起施行）	《中华人民共和国合伙企业法》（自2000年6月1日起施行）	《中华人民共和国个人独资企业法》（自2000年1月1日起施行）
法律基础	公司章程	合伙协议	无章程或协议
法律地位	企业法人	非法人营利性组织	非法人经营主体
责任形式	有限责任	无限连带责任	无限责任
投资者	无特别要求，法人、自然人皆可	具有完全民事行为能力的自然人，法律、行政法规禁止从事营利性活动的人除外	具有完全民事行为能力的自然人，法律、行政法规禁止从事营利性活动的人除外
注册资本	有限责任公司注册资本的最低限额为人民币3万元（《中华人民共和国公司法》（2018年修正）第二十六条）；一人有限责任公司注册资本最低限额为10万元，且股东应当一次缴足出资额（《中华人民共和国公司法》（2018年修正）第五十九至六十四条）；股份有限公司注册资本的最低限额为500万元（《中华人民共和国公司法》（2018年修正）第八十一条）	协议约定	投资者申报
出资	法定：货币、实物、工业产权、非专利技术、土地使用权	约定：货币、实物、土地使用权、知识产权或者其他财产权利、劳务	投资者申报
出资评估	必须委托评估机构	可协商确定或评估	投资者决定
成立日期	营业执照签发日期	营业执照签发日期	营业执照签发日期

续表

项目	有限责任公司	合伙企业	个人独资企业
章程或协议生效条件	公司成立	合伙人签章	无
财产权性质	法人财产权	合伙人共同共有	投资者个人所有
财产管理使用	公司机关	全体合伙人	投资者
出资转让	股东过半数同意	一致同意	可继承
经营主体	股东不一定参加经营	合伙人共同经营	投资者及其委托人
事务决定权	股东会	全体合伙人或从约定	投资者个人
事务执行	公司机关、一般股东无权代表	合伙人权利同等	投资者或其委托人
利亏分担	投资比例	约定，未约定则均分	投资者个人
解散程序	注销并公告	注销	注销
解散后义务	无	5年内承担责任	5年内承担责任

3.选择适合的创业组织形式

关于如何正确选择适合自己的创业组织形式，需先回答下列问题：

（1）创业者（投资人）有多少人？

（2）承担有限责任对创业者是否重要？例如，如果创业者有许多个人财产，这对创业者可能比较重要；而如果创业者没有什么个人财产，承担有限责任对创业者可能就不太重要。

（3）所有权的可转让性是否重要？

（4）企业需要支付股利吗？如果需要，这些股利对企业后续影响有多大？

（5）如果创业者决定离开企业，会担心自己不在的时候企业能否持续经营下去吗？

（6）保持企业较低的创办成本对创业者有多重要？

（7）将来筹集企业所需追加资金的能力有多重要？

结合中国的主要法律组织形式的现状以及优劣势比较分析，创业者应当从以下几方面进行梳理，从而确认适合自己的创业组织形式：

（1）创业目标。包括是否期望企业持续经营下去，是否想打造一番长久的事业。

（2）创业团队规模。这里主要指创业初期可能成为股东的人员规模，包括你引进的投资人。

（3）创业资金资源。主要是指你的资金与资产资源。这个问题需要从以下两方面来分析：一是如果你拥有巨额的私人财产，选择无限责任公司可能不太合适；二是如果你拥有充足的资金资源，企业未来对资金的需求似乎并不强烈，而且对企业创办成

本也不会有太多顾虑，就需要你进行充分的权衡，并对不同的法律组织形式进行进一步的比较分析。

（4）你对所有权与经营权的掌控程度。因为所有权的可转让性、所有权与经营权的分离等因素，在不同的法律组织形式中是不同的。

（5）你对股份分红的接受程度。你是否考虑过新企业未来可能会支付股利？这些股利你是否能够接受？

（6）你对外部资源的接纳程度。有的创业者喜欢单枪匹马、独闯江湖，不太愿意或者不善于接受过多的外部资源以及新生事物。不过，更多的创业者愿意发挥团队的力量、借助外部更多的资源来支撑新企业的快速成长。这些因素决定了未来公司的治理结构、股权的转让程度、产权的流动流程、筹资的愿望、资本运作的需求等，将会在很大程度上影响创业者对创业组织形式的选择。

知识链接2：初创企业如何有效注册

1.设立企业需要准备的相关材料

（1）设立个人独资企业所需材料如下：

①投资人签署的《个人独资企业登记（备案）申请书》。

②投资人身份证明。

③投资人委托代理人的，应当提交投资人的委托书原件和代理人的身份证明或资格证明复印件（核对原件）。

④企业住所证明。

⑤《名称预先核准通知书》（设立申请前已经办理名称预先核准的须提交）。

⑥从事法律法规规定须报经有关部门审批的业务，应当提交有关部门的批准文件。

⑦国家工商行政管理部门规定提交的其他文件。

（2）设立合伙企业所需材料如下：

①全体合伙人签署的设立登记申请书。

②全体合伙人的身份证明。

③全体合伙人指定的或者共同委托的代理人的委托书。

④合伙协议。合伙协议应载明的事项：a.合伙企业的名称和主要经营场所的地点；b.合伙目的和合伙企业的经营范围；c.合伙人的姓名及其住所；d.合伙人出资的方式、数额和缴付出资的期限；e.利润分配和亏损分担办法；f.合伙企业事务的执行；g.入伙与退伙；h.合伙企业的解散与清算；i.违约责任；j.合伙的经营期限；k.合伙人争议的解决方式。

⑤出资权属证明。

⑥经营场所证明。

⑦国家工商行政管理部门规定提交的其他文件：法律法规规定设立合伙企业须报经审批的，还应当提交有关批准文件。

2.设立合伙企业的注册流程

合伙企业是依照《中华人民共和国合伙企业法》在中国境内设立的由各合伙人订立合伙协议，共同出资、合伙经营、共享收益、共担风险，并对合伙企业债务承担无限连带责任的营利性经济组织。

（1）第一阶段：合伙企业名称预核准

合伙企业名称预先核准与公司名称预先核准办法相同，按《企业名称登记管理规定》登记，但名称中不可使用"公司""有限"或者"有限责任"字样。企业名称预先核准应提交的文件、证件如下：

①名称预核申请表。

②委托书（粘贴被委托人身份证复印件）。

③合伙人身份证明。

（2）第二阶段：合伙企业设立登记

①合伙企业设立登记的时限：

a.合伙企业设立登记必须在企业名称保留期内申请。企业名称保留期为6个月。

b.法律法规规定设立合伙企业必须报经审批的，申请人必须在批准之日起90天内持审批文件向登记机关申请设立登记。

②合伙企业设立登记申请人的资格条件：

合伙企业应有两个以上合伙人，下列具有完全民事行为能力的自然人或经济组织可以成为合伙人：

a.农村村民：指农村的农民个人，不包括居住在农村的非农业居民。

b.城镇待业人员：指城镇待业青年和其他无业人员。

c.辞职、退职人员：指机关、团体、企事业单位辞职和退职人员。

d.个体工商户。

e.非法人企业的私营企业。

f.国家法律法规允许的其他人员或经济组织。

③合伙企业设立登记的步骤和手续：

a.领表。申请人凭《合伙企业名称预先核准通知书》向登记机关领取《合伙企业设立登记申请书》，按表格要求填写。

b.提交材料。

c.受理审查。登记机关在收齐申请人应提交的上述材料后，发给申请人《合伙企业申请登记提交材料收据》。企业登记机关自收到申请人应提交的全部文件之日起30日内，作出核准登记或者不予登记的决定。

④查询结果：

申请人按照《合伙企业申请登记提交材料收据》的说明，查询申办结果。

⑤领照或领取合伙企业登记驳回通知书：

如果合伙企业设立登记申请被核准，申请人凭《合伙企业申请提交材料收据》办理领取《合伙企业营业执照》手续；如果合伙企业设立登记被驳回，申请人凭《合伙企业申请提交材料收据》领取《合伙企业驳回通知书》。

（3）第三阶段：注册

①注册流程：

查名（确定公司名字）→提交相应注册资料→验资（完成公司注册资金验资手续）→签字（客户前往工商所核实签字）→申请营业执照→申请组织机构代码证→申请税务登记证→办理基本账户和纳税账户→办理税种登记→办理税种核定→办理印花税业务→办理纳税人认定→办理办税员认定→办理发票认购手续。

②公司注册所需文件：

a.公司董事长或执行董事签署的《公司设立登记申请书》。

b.公司申请登记的委托书。

c.股东会决议。

d.董事会决议。

e.监事会决议。

f.公司章程。

知识链接3：企业股权设计

1.创业企业股权设置容易出现的问题

股权也称股东权，有广义和狭义之分。广义的股权，泛指股东得以向公司主张的各种权利；狭义的股权，仅指股东基于股东资格而享有的、从公司或经济利益出发并参与公司经营管理的权利。企业在设立时已经充分考虑了企业的形态，是公司制、合伙制还是其他组织形式，对股权结构也完成了思考，但中小企业往往忽视了企业设立时股东合作合同、公司章程等法律文件细节的推敲，为日后股权变化、利润分配以及重大事项调整埋下风险和隐患。

具体问题主要表现在以下两个方面：

①股权转让中的问题：因履行股权转让合同而形成的纠纷；请求撤销股权转让合同的纠纷；请求确认股权转让合同无效的纠纷；股权转让侵犯其他股东优先购买权而形成的纠纷；隐名股东转让股权或挂名股东转让股权而引起的股权转让纠纷。

②公司设立或者公司增资时股东违约问题。

2.创业企业如何设置股权？

一旦出现股权主要解决方式如下：

①股权确认：投资者设立公司或者参与设立，或者受让公司股份，或者取得技术股、赠予股等均需对股权做出确认，也就是要确认其在公司的股东身份。

②股东知情权和分配权：股东知情权体现在阅览、复制公司章程、股东名册、管理人员名册、股东会会议记录、董事会会议记录、财务会计报告、审计报告等。当然股东也不能滥用其权利，比如股东请求查阅、复制公司会计账簿的，应当说明正当目的。

③股东要求分配股利应以股东会决议为依据，但是如果公司不召开股东会或者虽召开但决定不分配，就只能通过诉讼来解决了。

④股权转让：当股东发生意见分歧或其他矛盾不能解决时，某一方退出或许是较好的解决办法。

延伸阅读：

《中华人民共和国公司法》修订前后对比

修订前	修订后
第七条　依法设立的公司，由公司登记机关发给公司营业执照。公司营业执照签发日期为公司成立日期。 公司营业执照应当载明公司的名称、住所、注册资本、实收资本、经营范围、法定代表人姓名等事项。 公司营业执照记载的事项发生变更的，公司应当依法办理变更登记，由公司登记机关换发营业执照。	第七条　依法设立的公司，由公司登记机关发给公司营业执照。公司营业执照签发日期为公司成立日期。 公司营业执照应当载明公司的名称、住所、注册资本、经营范围、法定代表人姓名等事项。 公司营业执照记载的事项发生变更的，公司应当依法办理变更登记，由公司登记机关换发营业执照。
第二十三条　设立有限责任公司，应当具备下列条件： （一）股东符合法定人数； （二）股东出资达到法定资本最低限额； （三）股东共同制定公司章程； （四）有公司名称，建立符合有限责任公司要求的组织机构； （五）有公司住所。	第二十三条　设立有限责任公司，应当具备下列条件： （一）股东符合法定人数； （二）有符合公司章程规定的全体股东认缴出资额； （三）股东共同制定公司章程； （四）有公司名称，建立符合有限责任公司要求的组织机构； （五）有公司住所。
第二十六条　有限责任公司的注册资本为在公司登记机关登记的全体股东认缴的出资额。公司全体股东的首次出资额不得低于注册资本的百分之二十，也不得低于法定的注册资本最低限额，其余部分由股东自公司成立之日起两年内缴足；其中，投资公司可以在五年内缴足。 有限责任公司注册资本的最低限额为人民币三万元。法律、行政法规对有限责任公司注册资本的最低限额有较高规定的，从其规定。	第二十六条　有限责任公司的注册资本为在公司登记机关登记的全体股东认缴的出资额。 法律、行政法规以及国务院决定对有限责任公司注册资本实缴、注册资本最低限额另有规定的，从其规定。

续表

修订前	修订后
第二十七条　股东可以用货币出资，也可以用实物、知识产权、土地使用权等可以用货币估价并可以依法转让的非货币财产作价出资；但是，法律、行政法规定不得作为出资的财产除外。 　　对作为出资的非货币财产应当评估作价，核实财产，不得高估或者低估作价。法律、行政法规对评估作价有规定的，从其规定。全体股东的货币出资金额不得低于有限责任公司注册资本的百分之三十。	第二十七条　股东可以用货币出资，也可以用实物、知识产权、土地使用权等可以用货币估价并可以依法转让的非货币财产作价出资；但是，法律、行政法规定不得作为出资的财产除外。 　　对作为出资的非货币财产应当评估作价，核实财产，不得高估或者低估作价。法律、行政法规对评估作价有规定的，从其规定。
第二十九条　股东缴纳出资后，必须经依法设立的验资机构验资并出具证明。 　　第三十条　股东的首次出资经依法设立的验资机构验资后，由全体股东指定的代表或者共同委托的代理人向公司登记机关报送公司登记申请书、公司章程、验资证明等文件，申请设立登记。	第二十九条　股东认足公司章程规定的出资后，由全体股东指定的代表或者共同委托的代理人向公司登记机关报送公司登记申请书、公司章程等文件，申请设立登记。
第三十三条　有限责任公司应当置备股东名册，记载下列事项： 　　（一）股东的姓名或者名称及住所； 　　（二）股东的出资额； 　　（三）出资证明书编号。 　　记载于股东名册的股东，可以依股东名册主张行使股东权利。 　　公司应当将股东的姓名或者名称及其出资额向公司登记机关登记；登记事项发生变更的，应当办理变更登记。未经登记或者变更登记的，不得对抗第三人。	第三十二条　有限责任公司应当置备股东名册，记载下列事项： 　　（一）股东的姓名或者名称及住所； 　　（二）股东的出资额； 　　（三）出资证明书编号。 　　记载于股东名册的股东，可以依股东名册主张行使股东权利。 　　公司应当将股东的姓名或者名称向公司登记机关登记；登记事项发生变更的，应当办理变更登记。未经登记或者变更登记的，不得对抗第三人。
第五十九条　一人有限责任公司的注册资本最低限额为人民币十万元。股东应当一次足额缴纳公司章程规定的出资额。一个自然人只能投资设立一个一人有限责任公司。该一人有限责任公司不能投资设立新的一人有限责任公司。	第五十八条　一个自然人只能投资设立一个一人有限责任公司。该一人有限责任公司不能投资设立新的一人有限责任公司。
第七十七条　设立股份有限公司，应当具备下列条件： 　　（一）发起人符合法定人数； 　　（二）发起人认购和募集的股本达到法定资本最低限额；	第七十六条　设立股份有限公司，应当具备下列条件： 　　（一）发起人符合法定人数； 　　（二）有符合公司章程规定的全体发起人认购的股本总额或者募集的实收股本总额；

续表

修订前	修订后
（三）股份发行、筹办事项符合法律规定；	（三）股份发行、筹办事项符合法律规定；
（四）发起人制订公司章程，采用募集方式设立的经创立大会通过；	（四）发起人制订公司章程，采用募集方式设立的经创立大会通过；
（五）有公司名称，建立符合股份有限公司要求的组织机构；	（五）有公司名称，建立符合股份有限公司要求的组织机构；
（六）有公司住所。	（六）有公司住所。
第八十一条　股份有限公司采取发起设立方式设立的，注册资本为在公司登记机关登记的全体发起人认购的股本总额。公司全体发起人的首次出资额不得低于注册资本的百分之二十，其余部分由发起人自公司成立之日起两年内缴足；其中，投资公司可以在五年内缴足。在缴足前，不得向他人募集股份。 股份有限公司采取募集方式设立的，注册资本为在公司登记机关登记的实收股本总额。股份有限公司注册资本的最低限额为人民币五百万元。 法律、行政法规对股份有限公司注册资本的最低限额有较高规定的，从其规定。	第八十条　股份有限公司采取发起设立方式设立的，注册资本为在公司登记机关登记的全体发起人认购的股本总额。在发起人认购的股份缴足前，不得向他人募集股份。 股份有限公司采取募集方式设立的，注册资本为在公司登记机关登记的实收股本总额。 法律、行政法规以及国务院决定对股份有限公司注册资本实缴、注册资本最低限额另有规定的，从其规定。
第八十四条　以发起设立方式设立股份有限公司的，发起人应当书面认足公司章程规定其认购的股份；一次缴纳的，应即缴纳全部出资；分期缴纳的，应即缴纳首期出资。以非货币财产出资的，应当依法办理其财产权的转移手续。 发起人不依照前款规定缴纳出资的，应当按照发起人协议承担违约责任。 发起人首次缴纳出资后，应当选举董事会和监事会，由董事会向公司登记机关报送公司章程、由依法设定的验资机构出具的验资证明以及法律、行政法规规定的其他文件，申请设立登记。	第八十三条　以发起设立方式设立股份有限公司的，发起人应当书面认足公司章程规定其认购的股份，并按照公司章程规定缴纳出资。以非货币财产出资的，应当依法办理其财产权的转移手续。 发起人不依照前款规定缴纳出资的，应当按照发起人协议承担违约责任。 发起人认足公司章程规定的出资后，应当选举董事会和监事会，由董事会向公司登记机关报送公司章程以及法律、行政法规规定的其他文件，申请设立登记。
第一百七十八条　公司需要减少注册资本时，必须编制资产负债表及财产清单。 公司应当自作出减少注册资本决议之日起十日内通知债权人，并于三十日内在报纸上公告。债权人自接到通知书之日起三十日内，未接到通知书的自公告之日起四十五日内，有权要求公司清偿债务或者提供相应的担保。公司减资后的注册资本不得低于法定的最低限额。	第一百七十七条　公司需要减少注册资本时，必须编制资产负债表及财产清单。 公司应当自作出减少注册资本决议之日起十日内通知债权人，并于三十日内在报纸上公告。债权人自接到通知书之日起三十日内，未接到通知书的自公告之日起四十五日内，有权要求公司清偿债务或者提供相应的担保。

资料来源：何建湘. 创业者实战手册［M］. 北京：中国人民大学出版社，2016.

重点名词中英文对照表

第一章

创新（Innovation）

创造（Creation）

发明（Invention）

创意（Idea）

创新者（Innovator）

产品创新（Product innovation）

服务创新（Service innovation）

工艺流程创新（Process innovation）

商业模式创新（Business model innovation）

探索性学习（Explorative learning）

利用性学习（Exploitative learning）

创新管理（Innovation management）

创新风险（Innovation risk）

创新战略（Innovation strategy）

创新组织（Innovation organization）

创新资源（Innovation resource）

创新文化（Innovation culture）

创新过程（Innovation process）

技术创新（Technology innovation）

二次创新（Secondary innovation）

自主创新（Indigenous innovation）

开放式创新（Open innovation）

颠覆式创新（Disruptive innovation）

反向创新（Reserve innovation）

第二章

"互联网+"创新模式（"Internet+" innovation model）

精益创业（Lean start up）

创新思维（Innovative thinking）

生命思维（Life thinking）

批判思维（Critical thinking）

美学思维（Aesthetical thinking）

经济思维（Thinking economically）

思维定式（Mind-set）

头脑风暴法（Brain storm）

属性列举法（Attribute list method）

奥斯本检核表法（Mr Osborne check list method）

综摄法（Ensemble perturbation method）

第三章

商业创意（Business idea）

设计思维（Design thinking）

多模式沟通技能（Multimodal communication skill）

消费者画像（Consumer portrait）

购买者画像（Buyers portrait）

逆画像（Self-portrait）

客户体验地图（Customer experience map）

设计启示（The design inspiration）

第四章

TRIZ理论（Theory of Inventive Problem Solving）

技术进化法则（Technology evolution）

技术系统进化模式（Technology system evolution mode）

发明创新原理（Innovation principle）

标准解系统（Standard solution system）

科学效应库（Library science effect）

物质-场模型（Object-field model）

矛盾矩阵（Contradiction matrix）

创新标杆（innovation benchmarking）

功能分析（Functional analysis）

流分析（Flow analysis）

因果链分析（Cause effect chain analysis）

剪裁（Trimming）

特性传递（Feature transferring）

关键问题分析（Key issue analysis）

第五章

创业（Start up）

创业者 / 企业家（Entrepreneur）

创业精神 / 企业家精神（Entrepreneurship）

创业能力（Entrepreneurial ability）

创业案例（Entrepreneurship benchmarking）

创业教育（Entrepreneurship education）

独角兽（Unicorn）

商业机会（Business opportunities）

领导力（Leadership）

事业心（Ambition）

第六章

创业团队（Entrepreneurial teams）

创业伙伴（Entrepreneurial partners）

核心价值观（Core values）

机会成本（Opportunity cost）

会计成本（Accounting cost）

心理成本（Psychological cost）

联合创始人（Co-founder）

企业价值（Enterprise value）

价值创造（Value creation）

创业评估（Entrepreneurial assessment）

企业章程（Enterprise constitution）

创业动机（Entrepreneurial motivation）

绩效（Performance）

团队管理（Team management）

团队冲突（Team conflict）

激励（Excitation）

薪酬（Payment）

股权（Stock right）

第七章

SMART原则（SMART principle）

创业陷阱（Entrepreneurial trap）

风险规避（Risk aversion）

创业机会（Opportunities）

机会陷阱（Opportunity trap）

机会窗口（Windows of opportunity）

人际网络（Interpersonal network）

大众市场（Mass Market）

利基市场（Niche Market）

区隔市场（Market segmentation）

多元市场（Pluralistic market）

多边市场（Multi-sided market）

第八章

个人定制（Personal customization）

个性化服务（Personalized Service）

商业周期（Business cycle）

商业价值（Commercial value）

风险评估（Risk assessment）

商业模式（Business Model）

企业战略（Enterprise Strategy）

价值主张（Value Proposition）

客户关系（Customer Relationship）

核心业务（Core Business）

成本结构（Cost Structure）

核心资源（Core Resources）

客户细分（Customer Segmentation）

客户洞察（Customer Insight）

渠道通路（Channels）

商业画布（Commercial Canvas）

第九章

资源整合（Resource Integration）

成本驱动（Cost Driven）

价值驱动（Value Driven）

服务驱动（Service Driven）

客户驱动（Customer Driven）

换位思考（Transpositional Consideration）

商业原型（Commercial Prototype）

商业情境（Business Context）

商业故事（Business Story）

SWOT（Strengths Weaknesses Opportunities Threats）

长尾理论（The Long Tail）

创业资源（Resources）

利益相关者（Stakeholder）

启动资金（Start-up Capital）

行业利润（Industry Profit）

杠杆效应（Leverage Effect）

社会资本（Social Capital）

民间资本（Private Capital）

互助基金（Mutual-aid Fund）

融资渠道（Financing Channel）

综合授信（Comprehensive Credit Granting）

预期收益（Expected Return）

人脉资源（Friend Sourcing）

五缘文化（Five Elements Culture）

天使投资（Angel Investment）

创业板市场（GEM Market）

创业孵化器（Business Incubator）

创业园区（Entrepreneurial Park）

第十章

创业计划 / 商业计划书（Business Plan）

愿景规划（Vision）

现金流（Cash Flow）

投资人（Investor）

投资回报率（Return on Investment）

资产负债率（Asset-liability Ratio）

股权转让（Share Transfer）

五力模型（Five forces Model）

风险投资（Venture Capital）

商业保密（Business Secrecy）

CEO（Chief Executive Officer）

企业使命（Enterprise Mission）

企业边界（Enterprise Boundary）

市场壁垒（Market Barriers）

组织结构图（Organization Chart）

无形资产（Immaterial Assets）

财务报表（Financial Statements）

新创企业（New Ventures）

股权结构（Ownership Structure）

出资比例（Proportion of Contribution）

股份分红（Share Dividend）

家族企业（Family Firm）

商业伦理（Business Ethics）

商圈（Trading Area）

品牌（Brand）

商标（Trademark）